あなたのキャリアのつくり方

NPOを手がかりに

浦坂純子 Urasaka Junko

JN259717

★――ちくまプリマー新書

272

目次 ＊ Contents

イラストレーション：黒木ユタカ（ユタカ！サプライズ）

普通に働く、が難しい

学んだその先に、まずはシューカツ

今から8年前の2009年に、『なぜ「大学は出ておきなさい」と言われるのか』という本を書きました。私にとっては初めて一人で書いた本であり、記念すべきデビュー作です。時間が経つのは早いですね。

その本には、「キャリアにつながる学び方」というサブタイトルをつけました。また、「はじめに」では、「この本が論じていくことは、まさに"Learn To Work And Work To Learn"(働くために学び、学ぶために働く)ということです」とも書きました。読者になってくださるだろう高校生や大学生の皆さんを思い浮かべながら、将来働くことを見据えて、「今、どう学べばいいのか」をじっくり考えてほしい一心でした。

最終章は「『チカラ』を身につけると楽しいですよ。世界観が変わること請け合いです。そして、自信を持って就職活動に向かう。自信は人を大きく見せますからね。採用担当者の目には、きっと堂々たる『成長株』として映ることでしょう」と、社会に出る一歩手前で締めくくりました。

今でも「どう学ぶか」が大切であるという考え自体は変わっていませんし、充実した学びが成し遂げられれば、「これでもう大丈夫、きっとやっていける」という自信が得られることも間違いないと思っています。とはいえ、やっていく先の「社会」の変化があまりにも目まぐるしいので、その変化を的確に察知し、自分はどう対応すべきかを問われ続けるようになりました。

つまり、**「学んだ後、どうすればいいのか」は、「チカラ」を身につけた一人ひとりに任されるのですが、その任される範囲が格段に広がった**ということです。これまではある程度就職先の企業にキャリアを委ねることができていたのが、そうもいかなくなったことが原因の一つです。**自分がどういうキャリアを築いていくのかを、あらゆる可能性を検討しながら常に模索していくことが求められるようになった**のです。

私はもともと新卒労働市場、つまり大学生の就職を自分のテーマとして研究者になりました。おまけにずっと大学勤めなので、学生たちの就職活動（就活）の動向はいつも気になっています。猫の目のように採用スケジュールが変化するのにもいちいち驚かなくなりましたが、そういった変化は「新卒一括採用」が前提になっているからこそ生じる現象です。

２０１６年は、経団連（日本経済団体連合会）が会社説明会などの「広報活動」を３月、面接などの「選考活動」を６月に解禁するという指針を定め、約１３００社の会員企業に順守を呼びかけました。経団連の会員企業は、日本を代表する大企業が多く、就活生の人気も高いことから、その指針には絶大な影響力があります。ゆえに3月1日が「就活本格スタート」となり、その様子はマスメディアなどでも一斉に報じられました。

私が勤務する同志社大学でも、メインの校舎にある大教室はほぼ会社説明会用に占拠され、春休み中だというのに真っ黒な髪で、真っ黒なリクルートスーツに身を固めた学生たちでごった返していました。彼ら彼女らの表情からは、「出遅れてはならない」「乗り遅れてはならない」という緊張感がひしひしと伝わってきます。その集団に交じるだけでも気後れする学生はいるだろうなと、見ていて少し気の毒になりました。

仮に就職戦線を戦い抜いて、見事に希望する企業の内定を勝ち得たとしましょう。一安心、ではあると思いますが、これで人生万事最後まで安泰《あんたい》、と言えるでしょうか。この先40年以上の働く期間が待ち構えていることになります。これだけ変化の激しい現代において、40年後の企業や社会がどうなっているのかなど、正直なところ誰にも分かりません。

働く40年間を想像できますか？

では、40年前はどんな時代だったのでしょうか。まだ生まれていない読者の皆さんがほとんどかもしれませんが、1970年代半ばの日本は、高度経済成長期の真っ只中《ただなか》で、鉄鋼や石油化学などの重厚長大型の産業が経済の中心を占めていました。

今や日常使いの道具として欠かせなくなったパソコンもスマホも当然ありません。アップルコンピュータが設立されたのがこの頃ですから、当時は2010年代にどのような産業が台頭し、人々がどのように働いて生活するようになっているか想像もできなかったことでしょう。海の物とも山の物ともつかないできたてのアップルコンピュータに入社して、人生を賭《か》けてみようとはなかなか思えなかったはずです。

ですから、今から40年後の２０５０年代も、私たちが持ち合わせている感覚や想像の全く及ばない世界になっているのはほぼ確実です。40年後どころか、それよりもはるかに短いスパンで、想定外の事態が次々に起こることでしょう。

例えば、日本の大企業に就職したはずなのに、買収されていつの間にか外国企業で働いていることになっていたり、不正会計やデータ偽装などの不祥事によって大規模なリストラの対象になったり、他社の傘下に入ることで環境が大きく変化したりすることも、今となってはごくありふれた話のように聞こえます。

安倍晋三《あべしんぞう》内閣の経済政策・アベノミクスでは、「一億総活躍社会」の実現を掲げていますが、「保育園落ちた日本死ね」というブログが大きな話題になったように、育児や介護など、生活の状況が変わることによって働きたくても働き続けられない、活躍できないという事態がいとも簡単に起こります。

グローバル化やＩＴ化などの技術革新が加速すれば、外国人やロボットと仕事を奪い合うような場面も現実味を帯びてくることでしょう。

それだけではありません。身の回りには「普通に働くことができさえすれば何とかなるのに」という問題が嫌というほど転がっています。例えば、子どもの貧困、中高年フリーター、下流老人、……奨学金もその一つです。進学するために借りた奨学金の返済に苦労するのは、多くの場合、無理をして進学したにもかかわらず、安定した収入を得られる職に就けなかったことが原因です。だからといって進学を諦《あきら》めれば、より一層働くための条件が悪くなるという悪循環が待ち構えています。

学校を出て、普通に就職して、家族を持って、いろいろありながらもご縁のあった職場で定年まで勤め上げることができた時代は確かにありました。

しかし今はどうでしょう。**就活を乗り切ったとしても、そこで考え得る限りのベストの選択ができたとしても、その後何が起こるか分からない、全く油断できないのが実情なのです。**「この会社で定年まで勤め上げる」と確信を持って入社できる新入社員は、もはや絶滅危惧《きぐ》種に近いのではないでしょうか。

普通に働く、働き続けるということが本当に難しくなった、というのが偽らざる実感です。一体どうしてこんなことになったのか、それをまずきちんと把握し、理解しなければなりません。本書の第一の目的は、その点にあります。

「乗り越え方」を探してみよう！

普通に働く、が難しくなりました。そのこと自体は、前の本を書いていた時点でもすでに分かっていたことでした。だから「何があっても40年以上の働く期間を乗り越えていく力を身につけよう」というメッセージにつながったのです。「学び方」に軸足を置き、「外的要因がどうであれ、自らのキャリアをたくましく築いていけるだけの力を存分に身につける」という方向性を打ち出すのはごく自然なことでした。

今回はさらに一歩進んで、「乗り越え方」のバリエーションを具体的に検討してみようと思うのです。これが本書の第二の目的です。

ここまで「働く」とさらっと書いてきましたが、その意味するところは、やはり「企業などで雇用されて働く」ことです。もちろん給料ももらっています。実際、「働く」と言えば、どこかに雇用されて働くことをイメージしがちですし、自営業が比較的少ない日本では、就業者の9割方が雇用者で占められています。

では、これまたさらっと書いてきた「普通に働く」とはどういうことを指しているのでしょうか。皆さんが何となく「普通に働く」に持っている共通のイメージは、恐らく安定した優良企業に正社員として雇用され、真面目に働いてさえいれば給料やボーナスがもらえ、着実に昇進・昇給し、家族を養うことにも困らず、定年まで勤め上げることができる、というところでしょう。

その「普通に働く」を実現できる職場が、明らかに希少価値を持つようになってきました。絶対に全員の手には入らない。それでもなお、断固として「この道しかない」のでしょうか。

新卒一括採用が主流であり、新卒のプラチナカードは1回しか切れない以上、そのチャンスを無駄にすることなく必死になって就活して、なるべく「普通に働く」が実現できそうな企業に就職するのが「無難」であり「賢い」と言えるのでしょうか。これだけ先行きが不透明であるにもかかわらず、です。

「失敗は成功の母」とよく言われるのに、新卒就活の失敗だけは、何が失敗なのかもよく分からないまま過度に忌避されています。社会への入口で直面する息苦しさや逃《のが》れられないプレッシャーが、むやみに大きいような気がしてなりません。

そんな中で、「普通に働く」を手に入れられなかった場合はどうすればいいのでしょうか。仮に「普通に働く」を首尾よく手に入れたとしても、何かの拍子に指の間からすり抜けてしまうことは、いつ誰の身に起こっても不思議ではないのです。

普通に働く、が難しくなったからこそ

「普通に働く」がこれだけ難しくなると、それはもう「普通」であるとはとても言えないと思いませんか？　にもかかわらず、私たちはこれまでの経験や常識から「普通」にこだわろうとします。

「普通に働く」が難しい、だからがんばろう、自分だけは何としてでも手に入れよう、ではなく、だったらこれまでの経験や常識の枠《わく》を外してみよう、他に行き場ややりようがないのか探ってみよう、というのが本書の最大にして最終的な目的です。

つまり、やみくもに「普通に働く」を守り抜く努力をするのではなく、同時並行でそれに代わる道（選択肢）を模索してみる価値はあるのではないでしょうか。学校を出て社会人になる、そこには一つの大きな壁が存在します。入口も一つしかないように見え

て、「この道しかない」と思い込まされています。ただ、その道でさえも、安心して最後まで歩けるかどうかは定かではありません。

迂回路《うかいろ》はないか、脇道はないか、自分だけのオリジナルな道を創《つく》ることはできないか、けもの道だって歩いてみれば何とかなるかもしれない。本来、社会人になれば新たな視界が開けて、様々な可能性の広がりが見えてくるはずです。

就職したからといって不自由になる、身動きが取れなくなるわけではありません。**自分の力を社会に活《い》かすための選択肢がどれだけ存在するのか、「普通に働く」が難しくなった今だからこそ、それを探る絶好の機会が到来した**と言えるでしょう。

キャリアの選択肢に……NPO?

では、「普通に働く」に代わる道（選択肢）は、以前に比べて増えているのでしょうか。その前に「それって本当にありますか?」という問いかけのほうがしっくりくるかもしれませんね。

昨今は、大学生の就活に対する親の関与が強くなってきているようです。親を対象にした説明会やセミナーを実施する大学や企業も珍しくありません。親の立場からすると、大学まで進学させた子どもに就活する気配が見られないとなれば、さすがに穏やかではいられないのでしょう。

ちょうど2016年の就活が始まった3月頃、私は「日本NPO学会」という学会の年次大会の運営委員長として、「Gateway To NPO――キャリアの選択肢として」と題する公開シンポジウムを企画し、実施しました。

NPO（Non-Profit Organization：非営利組織）というフィールドに活躍の場を見出した幅広い年代のパネリストと共に、人々のワークキャリア（働き方）とライフキャリア（生き方）の両面において、NPOがどのように位置づけられるようになってきたのかを議論したいと思ったからです。

パネリストの中には、20代や30代の若者もいれば、NPOという言葉がそれほど知られていなかった時代から地道に活動を続けてこられた先駆者もいます。それぞれに高度な専門性や実力、経験をお持ちで、十分に「普通に働く」を手に入れられそうな方々ばかりです。それだけに「どうしてまたNPOに？」という素朴な関心から、どんどん話が展開していきました。

そのシンポジウムでの議論やパネリストの皆さんの充実した活動ぶり、生き様に触れた後、一歩会場の外に出れば真っ黒なリクルートスーツの就活生がわらわらいるという実に対照的な光景を目の当たりにして、「本当にこの道しかない、のか？」という疑問が改めて湧《わ》き上がってきたのです。**少なくともＮＰＯという道は、キャリアの選択肢として機能し始めているのではないか、**と。

もちろん、「普通に働く」に代わる道（選択肢）には、従来思いもつかなかったような仕事や働き方、あるいはそれらの組み合わせが含まれるでしょうし、その萌芽《ほうが》もあちこちで見え始めています。ですが本書では、あえてその中の一つであるＮＰＯを事例として取り上げ、深く掘り下げようと思っています。理由はいくつかあります。

社会とつながりながら働く道

私たちは自分の生き方を自由に決めることができますが、**多くの人にとって生きる上で欠かせない要素が二つあります。一つは「生計を立てる」、もう一つは「社会との接**

点」です。

「普通に働く」は、言うまでもなくこの二つの要素をクリアしています。生計を立てられなかったり、社会との接点がなかったりするような活動は、趣味や好きでやっているだけであればそれで構いませんが、「普通に働く」に代わるキャリアの選択肢として捉えるのはやはり困難です。

「社会との接点」については、社会に対して自分の力で働きかけ、その手応えが得られること、という風に言い換えられるかもしれません。ある程度のお金さえ手に入れれば生活はできます。しかし、自分が何のために生きているのか、その問いに対する自分なりの答えは、他者とのかかわりの中でしか見出せないものです。生きる拠《よ》り所を形成するためにも、「社会との接点」は不可欠な要素ではないかと思うのです。

例えば、震災など、社会を根底から覆《くつがえ》すような出来事に遭遇すると、「何かもっと自分にできることがあるのでは？」という気持ちに駆られることもあるでしょう。日々の仕事を通じて社会に貢献できていると感じられれば、それがやりがいや生きがいをもたらしてくれるものですが、企業の一社員として与えられた日常業務をこなすことに、そこまで直接的な手応えがあるとは限りません。

ＮＰＯは、そうしたニーズと共鳴する可能性を持っています。すでに相当な数のＮＰＯが存在し、社会を下支えするパワーとして実績もあり、無視できない存在になっています。活動分野は非常に多岐にわたっており、活動スタイルも様々です。ボランティアだけでなく、有給で働いている人もいます。つまり、ＮＰＯを通じて多様な仕方で社会に働きかけることができ、場合によっては生計も立てられるという強みがあるわけです。

さらに、ＮＰＯから派生してソーシャルビジネスやコミュニティビジネスなどを視野に入れることもできるでしょう。無論ＮＰＯには弱みもあるわけですが、**「普通に働く」が難しくなり、そこにどうにもならない閉塞感《へいそくかん》があり、何らかの突破口が求められている今だからこそ、ＮＰＯという一つの事例を土台に「乗り越え方」のバリエーションをできるだけ拡張してみたいのです。**

結果として、社会と自分をどうつなげていくのか、そのキャリアの選択肢を創り出す力を身につけていけたらと思っています。

本書でお伝えしたいこと

ではここで、本書でお伝えしたいことをマッピングしておきますね。

まず**第1章**では、「普通に働く」がどれだけ「普通」でなくなっているか、つまり働き方や人々のキャリアがどれだけ多様化しているのかを、客観的なデータを用いながら見ていきたいと思います。ここで**「普通の働き方がある」「この道しかない」という思い込みが幻想に過ぎない**ことを実感してもらえればOKです。

次に第2章では、NPOそのものについて具体的に取り上げます。20年近く前、私が初めてNPOに興味を引かれて調べ始めた頃は、阪神淡路大震災をきっかけに特定非営利活動促進法（NPO法）が制定された時期（1998年）とも重なるわけですが、「NPO＝ボランティアをする団体」という認識しかありませんでした。

当時から「NPOを雇用の受け皿に」という類《たぐい》のことが叫ばれていましたが、なぜボランティアをする団体が雇用の受け皿になるのか、さっぱり理解できなかったことを覚えています。

今はもう「NPOって初耳」という人はそう多くはないでしょう。高校の政治・経済の教科書にも載っていますし、大学入試では小論文の課題としても出題されたりしていますす。とはいえ、その定義に始まり、活動の実態についてしっかり把握できている人もそう多くはないと思います。

第2章では、NPOの規模や活動分野、そこにどれだけの人がかかわり、どれだけの雇用が見込めるのか、その活動で生計を立てられるのかなどについて、独自に実施した調査データを駆使しながら解説していきます。

ここから先は、「NPOの担い手」に軸足を移しながら各論に入っていきます。

第3章では、これから社会に出ようとする若者を対象に、キャリアの選択肢としてNPOが「あり」なのかどうかを徹底的に検討します。

注目したい要因は、教育内容の変化です。近年は「アクティブラーニング」と呼ばれる自ら進んで学習に参加する機会が推奨され、大学のみならず小・中・高校の段階から、学校の授業でフィールドに飛び出すことが増えました。また、学校ぐるみでボランティアに取り組む機会も増えており、必然的にNPOとの接点も数多く生じています。

そのような変化が、若者の将来のキャリア展望にどのような影響を及ぼしているのか気になるところです。目覚ましい活躍ぶりを示す若き社会活動家や社会起業家の皆さんが、マスメディアで特集されたり、行政の要職に抜擢《ばってき》されたりする例も目立ってきています。これらの人々は、なぜ「普通に働く」ではないキャリアを選択したのか、その辺りのことを念頭に置きながら紐《ひも》解《と》いていきます。

続く**第4章**では、**ワークライフバランス**（仕事と生活の調和）という切り口でNPOを眺めます。このところ「女性の活躍」が政府主導で推進されていますが、そこで目標とされているのは管理職への積極的な登用や待機児童の解消などであり、あくまでも企業での活躍、すなわち「普通に働く」が前提になっていることがうかがえます。しかし、長年対策が講じられてきた割には改善が見られず、いまだ問題が山積みというのが実情です。

そのような背景があるからでしょうか。**NPOはまさしく女性が主役のフィールドでした**。企業での活躍が阻《はば》まれ、家事や育児、介護などで十分な時間が取れない中、身近な困りごとに気づき、何かできることはないかと動いた女性たちがNPOの礎《いしずえ》を築いてきたと言えそうです。この点をきちんと評価し、**性別に関係なく生活と調和した仕事の**

あり方、社会とのかかわり方について、NPOから何が学べるかを考えてみたいと思います。

第5章で扱うのは高齢者です。日本人の平均寿命は男女共に80歳を超え、「普通に働く」からリタイアした後も相当な時間が残されるようになりました。医療技術の発達のおかげで元気な高齢者が増えましたし、前向きな社会参加が健康長寿に寄与することも明らかになってきています。定年後の「セカンドキャリア」をどうデザインするかは、私たちが人生の後半戦で等しく直面する課題です。

高齢者もまた女性と同様、長らくNPOの主要な担い手でした。いざ定年を迎え、「明日からどうしよう？」となった時に、何か社会のためになることをしたい、それで少しお小遣いでも稼げれば……と希望する人は多いのです。

そこでNPOに参入するわけですが、うまくいく場合もあれば、うまくいかない場合もあります。また、切実な事情から働かざるを得ない（とはいえ「普通に働く」はもはやできない）高齢者も増加の一途をたどっています。そういう高齢者にとって、NPOはどのような選択肢となり得るのかを考えていきます。

最後の**終章**は、本書のまとめです。これまでの章を通じて、「普通に働く」が揺らいでいることを踏まえ、それに代わる道（選択肢）を実例と共に示してきました。**それらをオーダーメード商品のように自由自在に、その時その時で組み合わせて、自分だけのオリジナルな働き方、生き方を創り出せる**ということを伝えていきたいと思います。

本書を読み終えた後、「この道しかない」という呪縛《じゅばく》から解放される人が一人でも二人でも増えることを願ってやみません。

そういう意味では、キャリアのスタートラインに立つ若者だけでなく、「この道しかない」を捨て切れずにいる私を含めた現役世代の皆さんや、間もなくファーストキャリアを終えようとしている人生の先輩方を含め、ふと立ち止まって自らのキャリアを見直そうとしている方々にも手に取っていただけることを期待しています。

それではまず「普通に働く」がどうなっているのかを確認するところから始めましょう。

第1章 多様化する就業とキャリア

改めて普通に働く、とは

本章ではまず、「はじめに」で見てきた「普通に働く」というモデルを、社会の現況を踏まえながら解剖していこうと思います。

「普通に働く」におおむね欠かせない要素をイメージしてみると、「安定・優良」「正社員」「給料・ボーナス」「昇進・昇給」「家族を養う」「定年まで勤め上げる」が挙げられます。これらの要素は、実は相互に密接に絡み合って機能しています。また、これらの前提となる環境も大事です。もう少し詳しく、具体的に見ていきましょう。

例えば、子どもが生まれて家族が増えれば、その養育費分をプラスして稼がなければなりません。厚生労働省「平成27年人口動態統計月報年計（概数）の概況」によると、平均初婚年齢は夫が31・1歳、妻が29・4歳なので、結婚してすぐに子どもが生まれたとしても、その子どもが独り立ちするまで（それも随分時間がかかるようになっていますすが）少なくとも20〜30年間、60歳近くまで働き続ける必要があります。結局「定年まで勤め上げなければ生活が覚束ない」ということになりそうです。

子育てに関しては、生活費のみならず教育費の負担が重いのが日本の特徴です。文部科学省が１９９４年度から実施している「子供の学習費調査」の２０１４年度の結果によると、幼稚園（３歳）から高校３年生（18歳）までの15年間において、すべて私立に通った場合は約１７７０万円、すべて公立に通った場合でも約５２３万円の学習費（学校教育費＋学校給食費＋学校外活動費）がかかることが明らかになっています。

これに大学進学が加わると、１年間の学費だけでも国公立で約65万円、私立で約１３５万円かかりますので（日本学生支援機構「平成26年度学生生活調査」）、単純に４年間で２６０〜５４０万円もの負担が追加されることになります。子どもが中学・高校から大学に進学する40〜50代といった年代で、それなりの収入が得られるようになっていることが重要です。ちょうどその頃には、70〜80代となった親の介護費用も発生するかもしれません。

そう考えると、「定年まで勤め上げる」だけでは足りず、着実に「昇進・昇給」して、それなりの水準の「給料・ボーナス」が確実に支払われていることが不可欠です。「安定・優良」の対極にあるのが、数年前に流行語にもなった「ブラック企業」だとするならば、いくら雇用が保障されていても、まともな給料・ボーナスばかりか残業代も支払われなかったり、長時間働かされて精神的に追い込まれたり、身体を壊してしまったりするようでは話にならないのです。

「定年まで勤め上げる」前に、その企業が業績不振に陥ったり、倒産したりしては赤信号です。たとえ倒産は免《まぬが》れても、リストラや賃金カットの対象になるのは黄信号です。

どんどん成長して業績が伸び続けることが、いわゆる「正社員モデル」の前提であり、理想とされているのです。

正社員こそが「普通」なのか?

日本の場合、「正社員」であれば労働契約法によって解雇に厳しい条件が課せられています。そのため、**雇用の調整弁となるのが正社員以外の非正規労働者です。**非正規労働者が、いざという時には真っ先に解雇の対象になるわけです。

また、先ほど「給料・ボーナス」についても述べましたが、非正規労働者には通常ボーナスは支払われませんし、給料の水準も正社員には劣ります。この点は後で詳しく解説しますが、そういう意味でも、やはりどうしても正社員でなければならないのです。

いかがでしょう？　**「普通に働く」ことの要素がすべてどこかでつながっていること**がよく分かります。普通に働いてようやく手に入れられる生活を、ここでは「人並みの生活」と呼ぶことにします。

もちろん、普通に働いていても、常にゆとりのある暮らしができる保証は全くありません。人によっても「人並み」の基準は異なると思いますが、「様々なライフイベントに伴う費用を工面しながらも何とかやっていける」という生活水準は、そう大差なくイメージできるのではないでしょうか。

しかし、「これってホントに〝普通〟〝人並み〟の話？」と思いませんか？　「安定・優良」「正社員」「給料・ボーナス」「昇進・昇給」「家族を養う」「定年まで勤め上げる」のカードを揃《そろ》えるなんて、そんなの贅沢《ぜいたく》だよ、そんなに恵まれた人がどこにいるんだよ、そんなの一握りの優秀な人の話じゃないか、という声が聞こえてきそうです。

いいえ、そんなことはありません、間違いなく〝普通〟〝人並み〟の話です。もう少し正確に表現すると、**割とどんな人でも「普通に働き、人並みの生活をする」ことができていました（過去形）。日本が右肩上がりの経済成長をしていた頃の話です。**

その状況下で最もうまく機能する日本ならではの雇用システムに、「普通に働く」が組み込まれていたからです。最初に述べた「普通に働く」をうまく機能させる前提となる環境とは、**まさに高度経済成長であり、その状況下での「日本型雇用システム」であると言えます。**

それは非常によくできたシステムでしたが、どこかにほころびが生じると、あっという間に機能不全に陥る脆《もろ》さを内包していました。そのほころびというのが、高度経済成長によって築き上げた豊かさを始め、成熟した日本経済で見られるごく身近な、様々な変化であったのは、実に皮肉なことだなと思わずにはいられません。

「日本型雇用システム」とは

ここまでは働く側に沿って話を進めてきましたが、もう少し視点を上げて、日本の雇用システム全体を見渡しながら考えてみましょう。
図1―1は、日本型雇用システムの要素を分かりやすく図にしたものです。日本型雇用システムには、大きく三つの特徴があると言われています。**長期雇用、年功的処遇、企業別労働組合**の三つです。

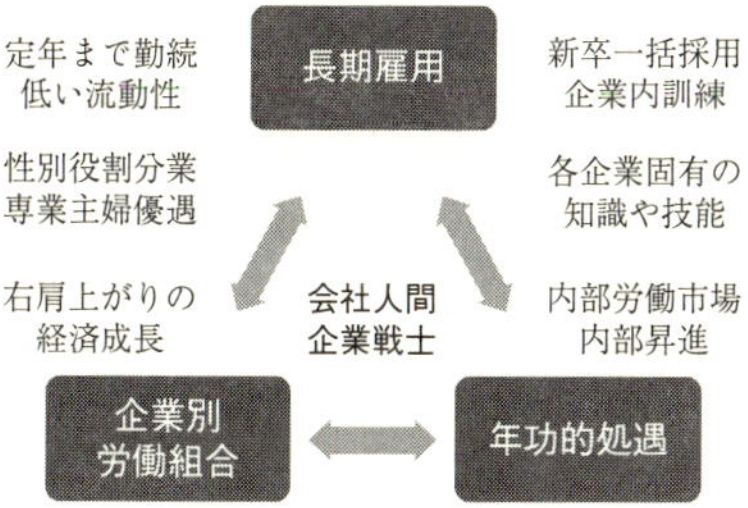

図1-1　日本型雇用システム

まず雇用の入口は、よく知られている「新卒一括採用」です。新卒一括採用では、企業が未熟な若者をまとめて採用し、社内で一から教育訓練を行います。必要な知識や技能を持つ人を採用するよりも費用がかかる半面、その企業ならではの人材を育てることができます。その企業でしか通用しない固有の知識や技能を働きながら身につけさせ、時間をかけて一人前に育て上げるのです。

ただ、せっかく一人前にした社員に辞められては損です。そこで、若いうちは給料が安くて割に合わなくても、年を重ねると働き以上に給料がもらえる制度を整えることで、社員に転職する気を起こさせず、知識や技能を熱心に身につけるように仕向けたのです。

定年まで可能な限り雇用を保障する長期雇用や、年齢や勤続年数と共に給料や職位が上がる年功的処遇という特徴と密接に関係していることが分かります。

社員にとっても、身につけた知識や技能がその企業でしか通用しないわけですから、転職や新規採用という「外部労働市場」より、同一企業に定年まで勤め上げ、社内で仕事を配分するための「内部労働市場」で評価・処遇（内部昇進）されることが合理的な選択になります。

転職のリスクが低いから企業も教育訓練に力を入れられるわけですし、社員も安心して「会社人間」「企業戦士」になることができました。

このように、社内で求められる能力の高い社員と「長期的に安定した関係」を構築した日本企業は、対外競争力を高めることができました。

三つ目の特徴である「企業別労働組合」は、労働組合を企業ごとに組織するという意味です。その企業にとって欠かせない知識や技能を持つ社員が連帯することで企業に対する交渉力が高まる一方で、長期的に安定した関係を保つことにもつながっていました。

これらの日本型雇用システムがうまく機能したのは、ひとえに高度経済成長があったからでした。多少の波はあったにせよ、右肩上がりで成長し続けてさえいれば、雇用を保障することも、経験を積んだ社員をどんどん登用し、昇給させることも容易です。

仕事は引きも切らず、働けば働くほど豊かになる実感がある中で、日本型雇用システムは威力を発揮し続けました。その結果、割とどんな人でも「普通に働く」を手に入れ、「人並みの生活」ができていたのです。

安心できたのは「会社人間」「企業戦士」の家族も同様です。当時は、**夫が外で働き、妻が家庭を守るという性別役割分業**によって、家庭内の生産性を高めることができました。女性に高等教育を受けさせる家庭が少なく、花嫁修業など家事に関する知識や技能を身につけさせる時代だったからです。

増え続ける仕事に男性が心置きなく従事するには、家事に専念して家庭を支える女性の存在が必要だったため、政府や企業は年金や税制などに専業主婦優遇制度を設けてこの分業を後押ししました。夫一人の稼ぎで「人並みの生活」ができ、定年まで雇用が保障されていれば、何の心配もなかったわけです。

なぜシステムは壊れたのか？

ところが、この日本型雇用システムが、今やかなりの機能不全に陥っています。日本経済が成熟し、これ以上の経済成長が見込みにくい一方で、急速に市場のグローバル化が進み、海外勢との競争が激しくなると、企業業績が乱高下するリスクが高まり、社員を長期間抱えることが負担になってきます。特に正社員は、一度雇うと簡単に解雇できないのは前に述べた通りです。

そこでリスクを避けるために非正規労働者を積極的に活用し始めた結果、その数は著しく増えています。正社員の枠《わく》から外れてしまえば、能力開発の機会も与えられず、給料も上がりません。中途採用で正社員を目指すにしても、「安定・優良」な企業は、日本型雇用システムを今なお保持できている場合が多いので、途中から割って入るのは至難の業です。

これまで家計の主な稼ぎ手だった夫（男性）の長期雇用や年功的処遇が不安定になる一方で、男女の教育水準には差がなくなりました。男女雇用機会均等法の制定（198

5年）で、女性にも様々な雇用機会が開かれるようになり、チャレンジしたいという意欲を抱く人も増えています。

妻（女性）も稼げるようになった半面、**全体的に正社員の枠から外れる人が増え、業績次第でリストラや賃金カットに直面する恐れもあり、夫婦で共稼ぎしなければ「人並みの生活」を保持することが難しい事態も珍しくなくなりました。**

であるならば、かつての専業主婦優遇政策はもはや間尺に合いませんし、保育所などの整備が喫緊《きっきん》の課題になるのもうなずけます。

人材育成を担う学校教育にも影響が出始めています。企業が時間をかけて人を育てる余裕を失い、即戦力ばかりを求めるようになれば、学校や社会がその役目を担わなければなりません。２０１６年5月に、文部科学大臣の諮問機関である中央教育審議会が職業教育に特化した新たな大学（職業大学）を創設するように答申したのもその表れでしょう。

まだ実現するかどうかは分かりませんが、そのような仕組みに変えていくにしても時間がかかりますし、即戦力で働くだけの知識や技能がない人は、雇用の入口でシャットアウトされてしまい、いつまで経っても就職することができません。

低成長時代に入り、企業が日本型雇用システムを維持できなくなっているのは明白な事実です。学校も企業も行政も、今の時代に合わせて人を育て、転職がしやすいなど「雇用の流動化」が進むように仕切り直さなければなりません。

そのようなシステムの変革を待つ間にも、私たち働く側にいる者は、自分のキャリアをどう豊かに描いていくのかを、待ったなしで考えなければなりません。そのためにも、これまでの「普通」が普通でなくなった現実を直視する必要があるのです。

非正規労働の拡大

日本型雇用システムが行き詰まった結果、もたらされた変化の一つに「非正規労働の拡大」があります。非正規労働者とは、役員を除く雇用者のうち、正社員以外のパート、アルバイト、派遣社員、契約社員、嘱託《しょくたく》などのことを指し、雇用期間に定めがある働き方です。

それぞれの雇用形態によって若干事情は異なりますが、総じていつ雇い止めになるか

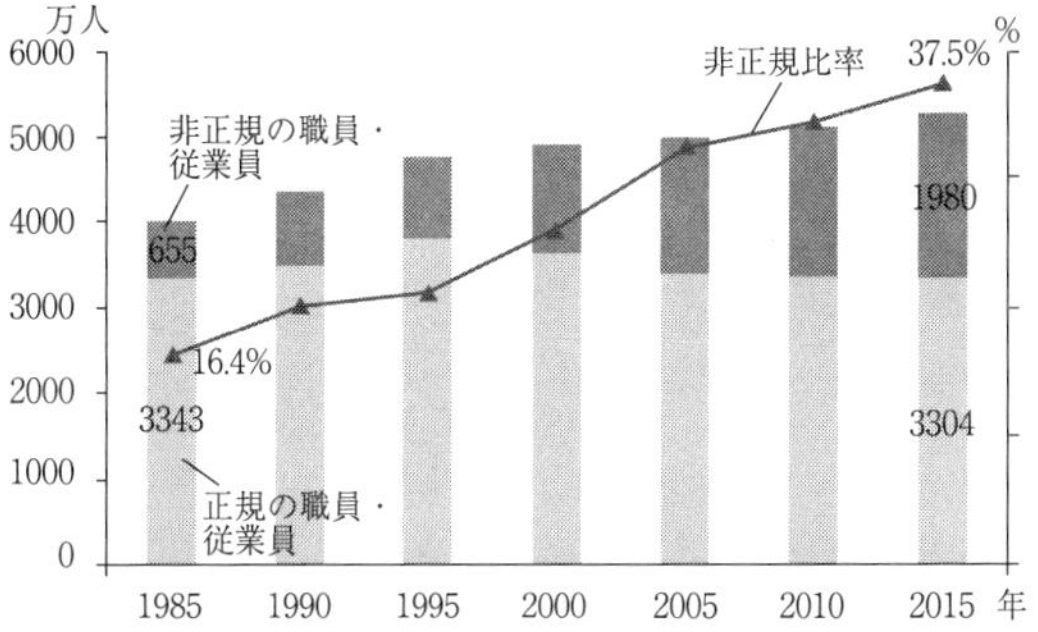

図1-2　正規・非正規労働者数（左目盛）と、非正規比率（右目盛）の推移。総務省統計局「労働力調査」より

分からない不安定な働き方であることは否めません。正社員との労働条件に大きな格差があることも問題になっています。

まず、非正規労働がどの程度拡大しているのかをデータで確認してみましょう。図1―2は、総務省統計局「労働力調査」による過去30年間の正規労働者・非正規労働者の数と非正規比率の推移を5年ごとに示しています。

30年前は655万人（全雇用者の16・4％）だった非正規労働者が、2015年には1980万人と約3倍に増えており、**非正規比率も40％近くにまで上がっています**。これを見ると、明らかに非正規労働は拡大していると言えそうです。

非正規労働者の性別は？　年齢は？

非正規労働者を属性別に見てみると、また別の様相が浮かび上がってきます。図1―3は、やはり総務省統計局「労働力調査」を用いて、男女別の非正規比率の推移を5年ごとに示しています。

ここから、男女で非正規比率の水準が圧倒的に異なっていることが分かります。この30年間で性別にかかわりなく非正規比率は高まっていますが、今や女性の半数以上が非正規労働者であるのに対して、男性は5人に1人という程度に抑えられています。

一方図1―4は、やはり総務省統計局「労働力調査」から10歳刻みの年齢別に過去15年間の非正規比率の推移を5年ごとに示しています。15～24歳は学生アルバイトが多いため、在学中の者を除いたデータになっています。

違いが分かりにくいかもしれませんが、実は最も非正規比率が高まったのが65歳以上で、次いで55～64歳という高年層なのです。前者は15年間に20ポイント以上、後者でも15ポイント以上は高まっています。

それに対して若年層や中年層は、非正規比率は高まっているものの高年層ほどではあ

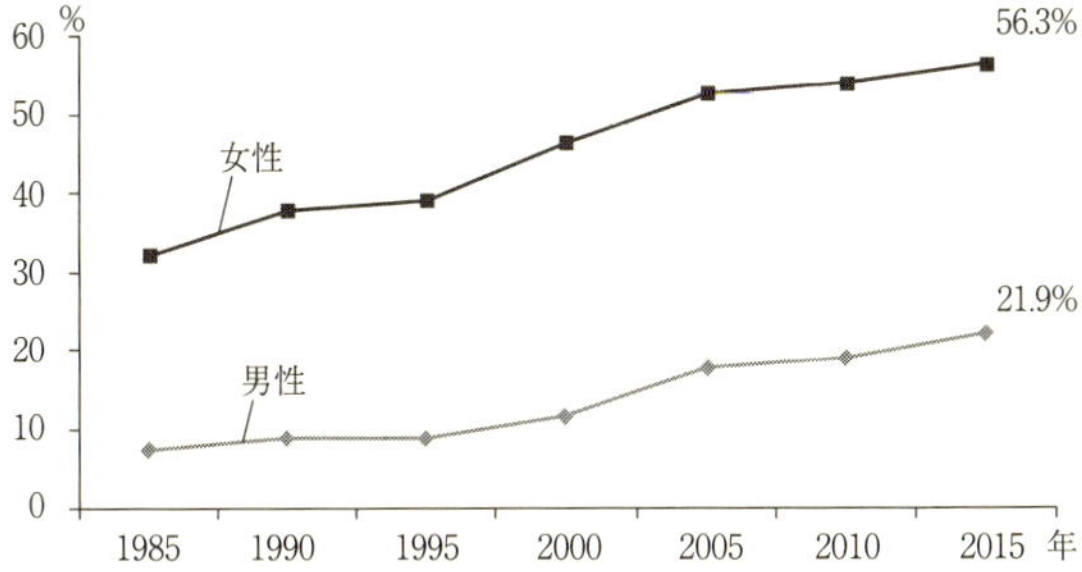

図 1-3　非正規比率の推移（男女別）。総務省統計局「労働力調査」より

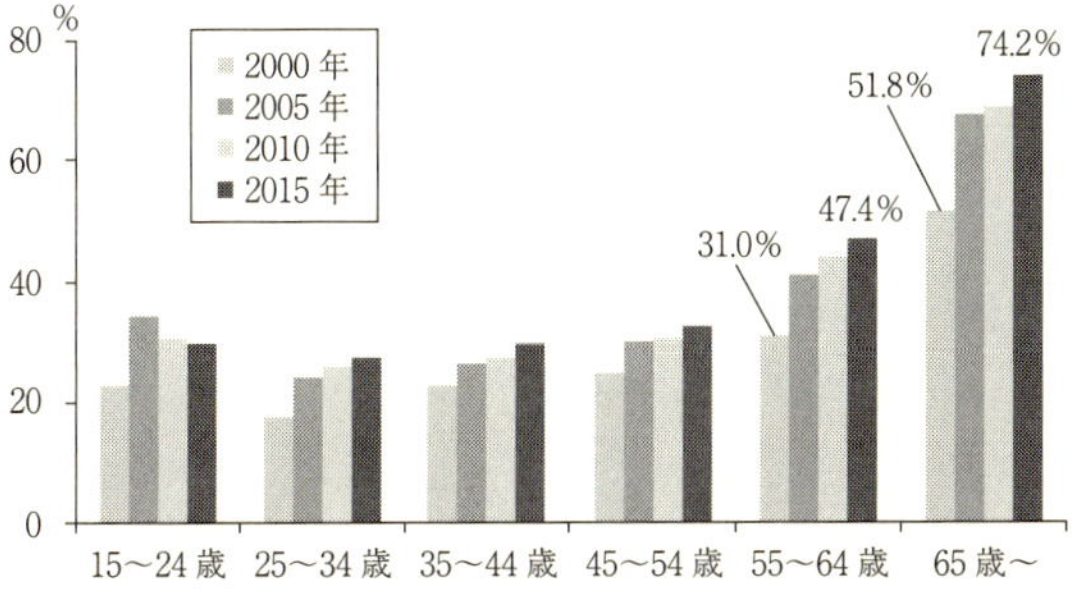

図 1-4　非正規比率の推移（年齢別）。総務省統計局「労働力調査」より

りません。これは第5章で扱いますが、近年高齢者の継続雇用が推進されてきて、定年後に非正規労働者として雇用される例が増えたことが理由として挙げられます。非正規労働の拡大の要因の一つに高齢者の雇用拡大があるのであれば、それは決して悪いことではありません。

非正規労働者の賃金は正社員とどのくらい違うのか?

しかしながら、図1―5を見てください。これは厚生労働省「平成27年賃金構造基本統計調査」から作成した一般労働者の賃金カーブ（月給ベース）です。正社員・正職員が、それ以外の非正規労働者に比べてどの年齢層でも賃金が高く、さらに40～50代にかけて増加するカーブを描いていることがうかがえます。

先に触れたように、子どもの教育や親の介護で最もお金がかかる時期に、それなりの収入があることは、「人並みの生活」には不可欠です。正社員・正職員でなければ、年齢や経験を重ねても、それに見合った収入増は期待できません。

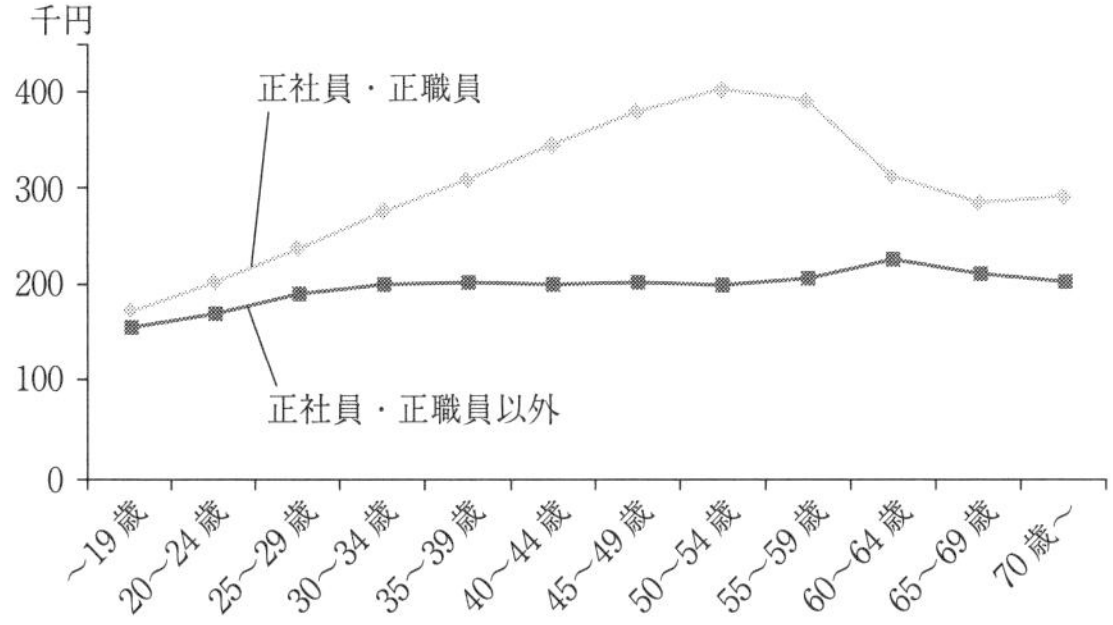

図1-5　一般労働者の賃金カーブ（月給ベース）。厚労省「平成27年賃金構造基本統計調査」（2015）より

正規・非正規の格差の実態

賃金以外にも、正規・非正規の格差は随所に表れています。例えば、厚生労働省「平成26年就業形態の多様化に関する総合実態調査」によると、9割以上の正社員に適用されている雇用保険や健康保険、厚生年金などの社会保障が、非正規労働者には5～6割しか適用されていません。

また、計画的なOJT（仕事を通じた教育訓練）やOFF－JT（職場外での教育訓練）の実施状況にも違いがあることが、厚生労働省「平成27年度能力開発基本調査」などから明らかになっています。

これまで働く場がなかった高齢者が雇用されたり、従来の非正規労働者の多くがそうであったように家計補助や自分の生活に見合った自由な働き方を求めたり、という理由で非正規労働が拡大しているのであれば問題ありません。

ただ先述のように、正社員との格差が大きく、いつ雇い止めになるか分からない不安定さがある以上、不本意ながら非正規労働に従事している人、正社員になりたくてもなれない人、「人並みの生活」が難しい人が増えているのであれば、それは極めて深刻な問題になります。

不本意な非正規労働者が増えている

図1―6は、厚生労働省「就業形態の多様化に関する総合実態調査」から、正社員以外の労働者（出向社員を除く）について、現在の就業形態を選んだ理由のうち、「正社員として働ける会社がなかったから」という回答の割合を示しています。複数回答ですが、2007年以降の調査では、回答方法が「三つまで複数回答」に変更になっていることに注意が必要です。
これを見ると、景気変動などの影響で一定の傾向は見出しにくいものの、1990年代よりは2000年代以降に不本意就業が増えており、特に男性は3、4人に1人が正

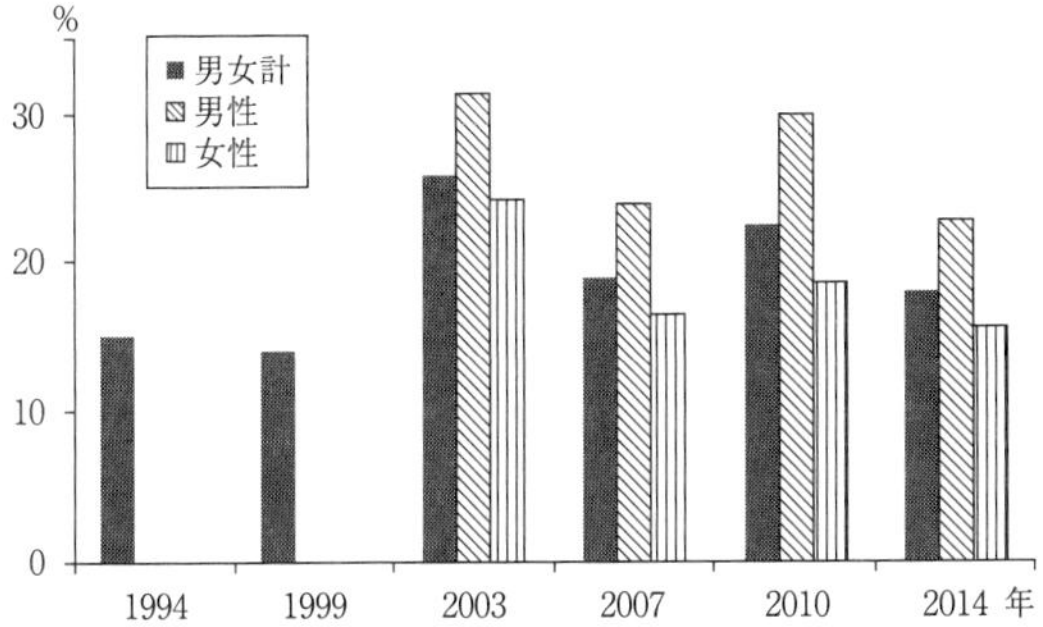

図1-6　現在の就業形態を選んだのは「正社員として働ける会社がなかったから」の割合。厚労省「就業形態の多様化に関する総合実態調査」より

社員になれなかったので、やむを得ず非正規労働に従事していることがうかがえます。

また図1―7は、同じく厚生労働省「就業形態の多様化に関する総合実態調査」から、今後も会社で働きたい正社員以外の労働者のうち、正社員に変わりたいと希望する労働者の割合を示しています。2003年より前の調査では、質問項目が異なっているのですが、そもそも就業形態を変えたいと希望する労働者は15％以下しかいませんでした。

こちらは過去20年あまりで増加傾向にあり、近年では雇用継続を見込む非正規労働者の3人に1人が正社員への転換を希望しているようです。

となると、やはり非正規労働の拡大に問題がな

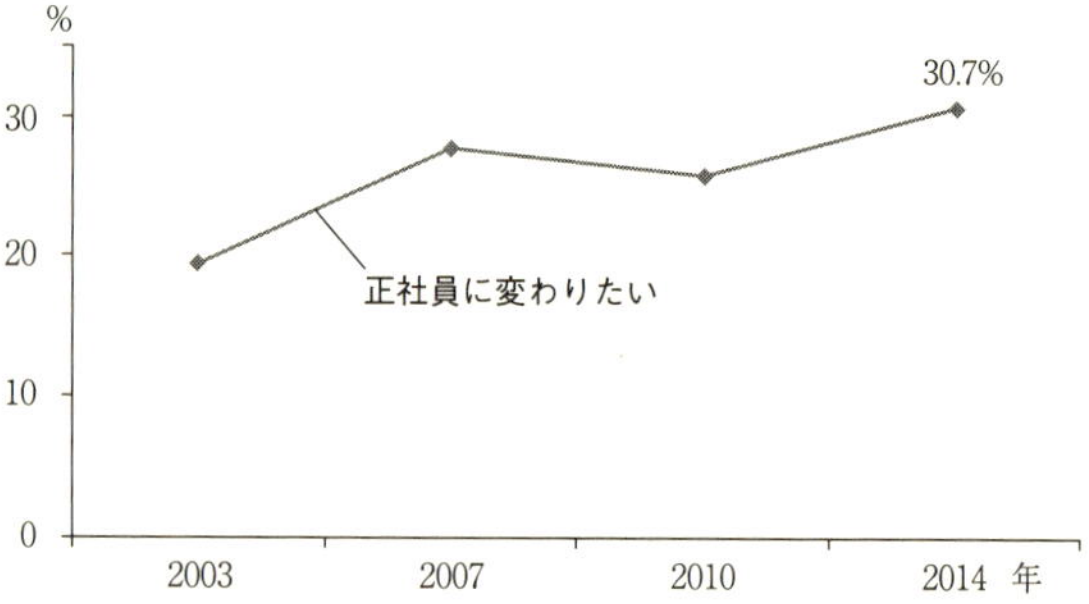

図 1-7　今後の就業に対する希望。厚労省「就業形態の多様化に関する総合実態調査」より

いというわけではなく、結果として「普通に働く」や「人並みの生活」から遠ざかってしまった人々が徐々に増え、困惑と困窮が広がりつつあることが懸念されます。

正社員にもデメリットはある?

さて、ここまでは非正規労働者を見てきましたが、いよいよ本丸の「正社員」にアプローチしたいと思います。正社員であれば安泰かと言えば、全くそうではありません。日本型雇用システムの行き詰まりや非正規労働の拡大は、一体どのような影響を正社員に及ぼしているのでしょうか。

話は前後しますが、**正社員の定義**って何でしょう? これは、実はそう簡単には言えません。非正規労働者との対比で最も大きな特徴を挙げるとすれば、**雇用期間に定めのない働き方**であるという点です。

だからこそ、と言えるかもしれませんが、正社員には転勤もありますし、命じられれば残業もしなければなりません。日本の場合は、職種別に雇用される例が少ないので、その時その時で仕事の内容が大きく変わることもあります。概して、**職種、勤務地、労働時間に限定のない働き方**であることが通常です。

つまり、少し大袈裟《おおげさ》な表現ですが、**企業が雇用を守り、一定の処遇を保障してくれるのと引き換えに、企業に身を捧《ささ》げなければならない働き方**、ということになるでしょうか。これはこれで責任やプレッシャーがのしかかる働き方です。

それでも雇用や処遇が保障されるのであれば、安心してがんばろうと思えるのかもしれませんが、ここまで述べてきたように、それはすでに怪しくなっています。にもかかわらず、**非正規労働の拡大に伴って数を減らした正社員一人ひとりに対する責任やプレッシャーは、一方的に増すばかり**です。

ゆえに、正社員もまた、企業に身を捧げるような働き方には対応できなくなってきています。まず、雇用や処遇が保障されないのであれば、それを見越してリスクを避けなければなりません。企業の言いなりになって働く意欲を維持するのも大変ですし、夫だけでなく妻も働いて、いざという時のために備えなければ、と思うでしょう。

「多様な正社員」の出現

とはいえ、少子高齢化の進展で、雇用者であると同時に、家族・親戚や地域の一員、つまり生活者としての役割もまた重くのしかかってきています。

家庭責任（家事・育児・介護など）は言うまでもなく、町内会・自治会やマンション管理組合の役員、PTAの役員、親戚や友人・知人とのつきあいなど、やるべきことは日々山積みです。かつては専業主婦や引退した親など、外で働いていない誰かが分業していたことを、就業の有無にかかわらず皆で手分けして担わなければなりません。

手分けできればまだいいほうで、単身者やひとり親は自分が働かなければ食べていけないわけですから、家庭責任も地域の一員としての役割も一手に引き受けた上で、身体を壊してでも働かないと、というところまで追い詰められてしまいます。

そういう労働者が、突然の転勤、負担の多い職場への異動、連日の残業などに対応できるかといえば、どう考えても無理だと思いませんか？

そこで近年生まれてきたのが「**多様な正社員**」です。様々な事情を抱える正社員が、何とか仕事を継続できるようにと企業側から考え出された苦肉の策です。「**限定正社員**」とも呼ばれ、**職種、勤務地、労働時間などを限定する分、賃金などの処遇も抑えられる**ことになります。

厚生労働省のウェブサイトには、「多様な正社員」の例として、全国転勤のない営業職、限定された店舗で働く販売スタッフ、ディーラーなど特定の職務のスペシャリスト、短時間勤務（1日6時間程度）の事務職などが挙げられています。

例えば、育児や介護などで、フルタイムで働くことが難しければ、何年か限定正社員に移行して短時間勤務で働き、その後フルタイムに復帰するというような活用方法が見込まれます。

労働者側には、退職したり非正規労働に移行したりするよりも、今の職場で安定して継続就業できるメリットがありますし、企業側にも優秀な人材を失わずにすむというメリットがあります。

この「多様な正社員」を導入している企業は、厚生労働省『「多様な形態による正社員」に関する研究会報告書』（2012年）によると、調査対象となった正社員数300人以上の企業1987社のうち5割に達しており、中でも職種限定が最も多くなっています。今後どれだけ定着し、活用されるようになるかが気になるところです。

正社員から限定正社員へ、逆に限定正社員から正社員への移行をいかに円滑に進めるか、それが昇進など将来のキャリアにどのような影響を及ぼすのか、などの論点もすでに指摘され始めました。いずれにしても、正社員にも様々な変化が生じて一様ではなくなっていること、働き方の選択肢が増えていることを知っておいて損はないと思います。

フルで働き続けられるグローバル人材ばかりではない

本章の内容を振り返ってみましょう。「普通に働く」は、高度経済成長期に確立された日本型雇用システムの中でうまく回っていました。そのため、大方の労働者が「普通に働く」ことができ、「人並みの生活」を送れていました。

ただ、その帰結として手に入れた豊かさや生活・教育水準の向上、家族のあり方、国内市場の飽和によるグローバル化などの動きが、高度経済成長期とは異なってしまい、肝心の日本型雇用システムが機能しなくなった結果、「普通に働く」「人並みの生活」がとても難しくなりました。今は、それができる人とできない人の格差が顕著になっています。

企業がどのような人材を求めているかについては、今も昔も大差はありません。優秀で、フルタイムで残業もいとわず働き、辞令一つで世界中どこにでも出かけて行って成果を上げられる人です。そして、それを定年までコンスタントに継続できる人です。

かつては企業もそういう人材を育て上げ、そういう働きに見合った処遇もしてきました。いえ、することができました。さらに、家庭や地域の中にも、そういう働き方をバックアップする態勢がありました。

それが、今はどうでしょうか。企業が本音のところで求める人材は、恐らく変わっていません。先述のような「フルで働き続けられるグローバル人材」です。その割には、そういう人材を育て上げる力も、そういう働きに見合った処遇をする力も、企業は失いつつあります。定年まで面倒を見られるかどうかも定かではありません。となると、そのしわ寄せは間違いなく労働者に回ってきます。

しわ寄せされた労働者側はどうでしょうか。少子高齢化には一向に歯止めがかかりません。第5章で取り上げますが、内閣府『平成28年版高齢社会白書』によると、2015年の65歳以上の高齢化率は26・7％に達しており、今後も着実な上昇が予想されています。

身内に介護が必要になった場合、誰かに任せきりにできるわけではありません。夫も妻も働いています。働かなくては食べていけません。介護離職すれば、たちまち生活が立ち行かなくなります。

正社員だって安心できない！

現役世代一人ひとりに、家庭責任や地域の一員としての役割が重くのしかかるのが避けがたい今の世の中で、40年以上の働く期間中ずっと何の心配もなく仕事に打ち込めるという想定は、果たして現実的なのでしょうか。企業の思惑通り、高度経済成長期の

「会社人間」「企業戦士」で居続けられるでしょうか。むしろ、今はそういう人々を揶揄《やゆ》して「社畜」と言ったりするのではありませんか？

あるメーカーに勤務している教え子が、数年間の中国駐在の後、1週間の日本帰国を経て、そのままタイに転勤するのを目の当たりにしました。日本に帰国した際に顔を見せに来てくれたのです。それも小さな子ども二人を抱えての家族での赴任です。こんな働き方はよくあることなのかと心底驚きました。優秀な人材であればあるほどそうなりがちですし、実際に対応できる人もいるのでしょう。

でも、そんな人ばかりではないでしょう？　いくら優秀でも地元を離れられない人、家族の困りごとや心配ごとがある人、体調に不安がある人など沢山いるはずです。もちろん、企業の要求に応えるだけの力がない人もいるでしょう。ただ、どんな人であっても、何らかの形で社会と接点を持ち、自分の力を社会に活《い》かす場があってしかるべきです。

とはいえ、企業が求める働き方ができなければ、企業内に自分の居場所を見出しにくくなるのは事実です。それは、生活の質をも左右しかねない重要な問題です。

今は企業の要求に応えられているとしても、それができなくなる可能性は誰もが等しく持っています。いずれ高齢者になり、定年を迎えた後のことを想像してみてください。引退生活を楽しめればいいのですが、もっと働きたい（働かなければならない）、何かしたいと思っても、どうすればいいのか、どういう場があるのか分かりますか？

前に述べた通り、企業も「多様な正社員」のような試行錯誤を始めています。その間にも、非正規労働は拡大し、「普通に働く」「人並みの生活」とは縁遠くなってしまった人が現在進行形で増えています。一度そのような状態に陥ったら、なかなか抜け出すことができずにいるのも深刻です。

ここで共有しておきたいのは、**「普通に働く」がもはや「普通」ではなくなったとい**う事実の認識です。**残された道は、多様な人の多様な社会とのかかわり方や生活の仕方をどう実現していくかということ**です。

私たちは、その「不都合な真実」をまだ自分の問題として捉える覚悟ができておらず、先行してしまっている現実の変化から目を背けよう、背けようとしています。「自分だけは大丈夫だろう」と必死に思い込もうとしているようなところがあります。

しかし、サイズが合わなくなった服を着続けることができないように、古びた「普通に働く」にこだわり続けるのにはどうにも無理があります。ここは心機一転、思い切って新しい服を探しに出かけてみませんか。

第2章

NPOという道もある？

シューカツの「制服」を脱ぎ捨てて

前章の最後に「思い切って新しい服を探しに出かけてみませんか」と書いて、ふと「普通に働く」って制服のイメージがあるなと思いました。皆が同じ服装というだけで安心感がありますし、朝の忙しい時間帯に何を着ようか迷う心配もありません。「自分で考えないで済む」「選択の余地がない」というのは結構ラクな面もあります。リクルートスーツなんて、まさに制服そのものです。

制服も少し着崩したり、「なんちゃって制服」を楽しんだりすることからおしゃれが始まります。自分なりにアレンジしたとしても、どうしてもサイズが合わなかったり、イケていなかったり、そもそも手に入らなかったりする場合は、私服に着替えるしかありません。

私服であれば、よりどりみどりのスタイルが考えられますし、自分にぴったりのものを創《つく》り出すこともできます。ただ、他に着ている人がいなければ、それが自分の身の丈に合っているのか、着心地はいいのか、機能的に優れているのかどうかなどが分からず不安です。それを着た自分の姿が他の人の目にはどう映るのかも、気にならないと言えば嘘になります。

本章では、「私服」の一つのスタイルとしてNPOを取り上げます。**NPOは、すでに割と多くの人が「楽しんでいる」アイテムです。**まだまだ発展途上ですが、「制服」にはない個性や特徴、可能性の広がりが見え始めています。

これを一つの事例として深く掘り下げてみることで、バラエティに富んだ「私服」を選ぶ（創り出す）センスと勇気、そして勘所を養っていきましょう。

NPOってどんなイメージ？

「はじめに」で「『NPOって初耳』という人はそう多くはないでしょう」と書きましたが、「言葉は知っている」「聞いたことはある」程度の人が案外多いかもしれません。何となく知っているだけという人は、NPOにどんなイメージを抱いていますか？　良いイメージですか、それとも悪いイメージですか？

　２０１６年４月半ばに熊本地方周辺で大きな地震が相次ぎ、甚大な被害が出ました。行政の支援が行き届かないところには、全国各地のＮＰＯが寄付金や募金を集めたり、生活情報を提供したり、救援物資やボランティアの送り出しや受け入れに従事したりして、持てる力を存分に発揮したのは記憶に新しいところです。

　もう少し身近な例を挙げると、貧困家庭や孤食の子どもたちに無料や安価で食事を提供して安らげる場とする「子ども食堂」が全国に広がっていますが、その運営にもＮＰＯが密接にかかわっています。国内だけでなく、世界中の紛争や災害に苦しむ人々、恵まれない子どもたちへの支援は、ＮＰＯの主要な活動フィールドですし、「国境なき医師団」なども世界的に有名なＮＰＯの一つです。

　こうして並べてみると、困った時には頼りになる存在として良いイメージが先立ちますが、他方では生活困窮者を助けるふりをして貧困ビジネスに関与していたＮＰＯが摘発される事件などが報道されたこともありました。

　ＮＰＯをよく知らないままこのような報道に接すると、当然イメージは悪くなります。

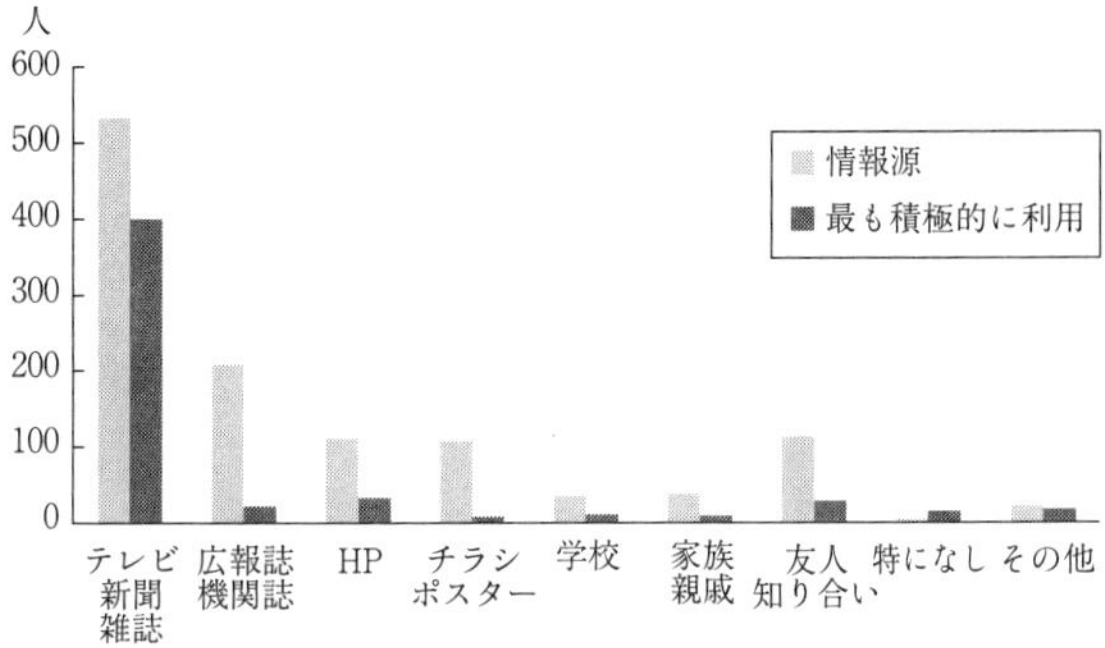

図2-1　NPOに関する一般的な情報源。森山・浦坂「『阪神地区公立高等学校出身者のキャリア形成に関する調査』報告」(2004) より

ＮＰＯって何だか怪しい……と敬遠されてしまうのは、世の中のためになる活動をしている大多数のＮＰＯにとって非常に残念なことです。一般市民にとっても、先入観だけでＮＰＯから距離を置いてしまうのは、とてももったいないことだと思います。

面白い調査結果があります。２００３年に、ある進学校の30代の卒業生を対象に、「阪神地区公立高等学校出身者のキャリア形成に関する調査」と称するアンケートを実施し、７００人あまりの方々から回答を得ることができました。

その中に、「ＮＰＯに関する一般的な情報を、どのような方法・媒体を通じて見聞きしたことがありますか」「ＮＰＯ活動に対して持ってい

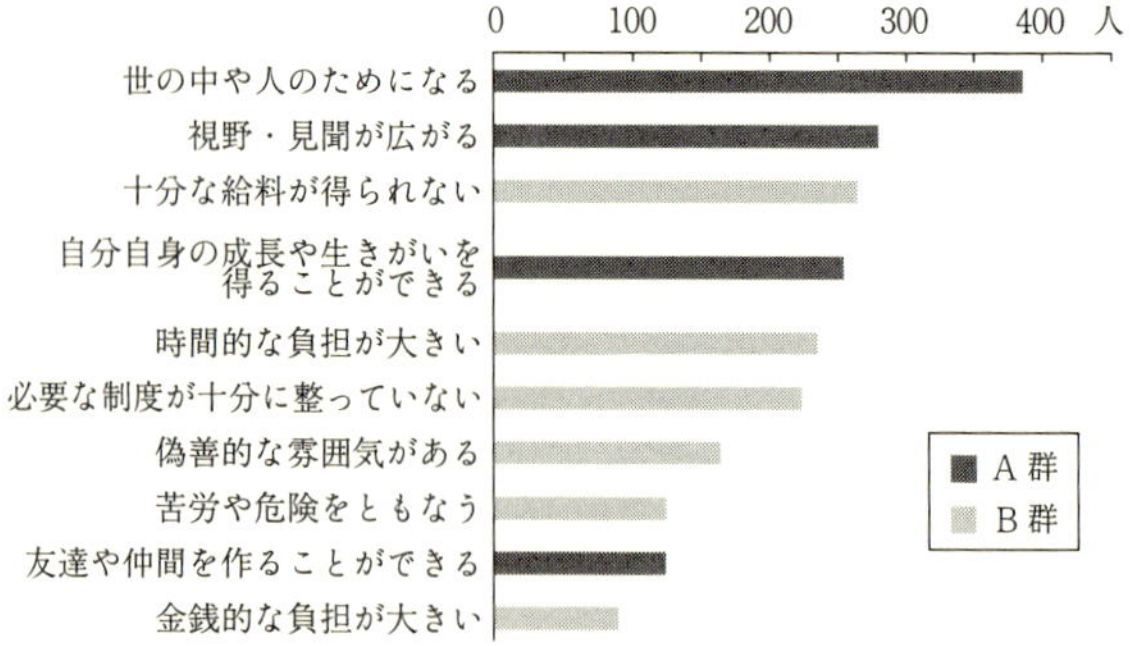

図 2-2　NPO 活動に対して持っているイメージ。森山・浦坂（2004）より

（注：肯定的なイメージ〔A 群〕と否定的なイメージ〔B 群〕に分け、それぞれ 10 個の選択肢の中から 3 つまで回答している）

るイメージについて、あてはまるものをお答えください」という問いを設けました。

図2―1は、NPOに関する一般的な情報を見聞きしたことのある方法・媒体をすべて答えてもらった上で、最も積極的に利用したものを一つだけ答えてもらった結果です。また図2―2は、NPO活動に対して持っているイメージについて、回答が多かったものから順に示しています。

これらを見ると、NPOに関する情報源はマスメディア（テレビ・新聞・雑誌）が圧倒的に多く、マスメディアが報道したことのある特定のNPOのイメージが、NPO全体のイメージとして広く認識され、浸透している可能性があることが分かりました。

また、否定的なイメージを強く持つ人は、当たり前ですがNPO活動への参加の意思も希薄であることが明らかになっています。

この調査から10年以上が経過し、人々の意識やNPOを取り巻く状況も著しい変化を見せているはずですが、本章ではマスメディアを通じたぼんやりとしたNPOのイメージに、くっきりとした輪郭を与えていきたいと思っています。

そもそもNPOとは

まずはNPOの定義です。これが実はなかなかの曲者《くせもの》です。NPOを所轄している内閣府の「NPOホームページ」では、次のように説明されています。

「NPO」とは「Non-Profit Organization」又は「Not-for-Profit Organization」の略称で、様々な社会貢献活動を行い、団体の構成員に対し、収益を分配することを目的としない団体の総称です。（中略）NPOは法人格の有無を問わず、様々な分野（福祉、教育・文化、まちづくり、環境、国際協力など）で、社会の多様化したニーズに応える重要な役割を果たすことが期待されています。

普通の企業が「営利（収益を分配すること）」を目的とするのに対して、**ＮＰＯはそれを目的としない「非営利」であることが最大のポイントです。**「非営利」と言っても、病院や学校などと区別するために、通常は狭い意味でのＮＰＯとして**市民活動や草の根団体、ボランティア団体**が取り上げられています。

中でも、皆さんがマスメディアなどで活動を目にしているのは、**「特定非営利活動促進法（ＮＰＯ法）」に基づいて法人格を取得した「特定非営利活動法人（ＮＰＯ法人）」**が大半だと思いますが、法人格があれば、企業などと同等に社会で活動することができます。ただし、その収益を様々な社会貢献活動に充てていく点が、企業とは異なります。

ＮＰＯ法人は、都道府県や政令指定都市の認証を受けており、情報公開が義務づけられるなど、実態の把握が比較的容易です。そのため、ＮＰＯに関する調査や研究は、ＮＰＯ法人に限定して行われることも少なくありません。

2016年9月30日現在の認証NPO法人は5万1260団体であり、これだけでもかなりの数ですが、これに加えて法人格を持たないNPOが存在するわけですから、裾野の広がりは相当なものだと言えそうです。

NPOは活動分野にもよりますが、非営利であることに加えて、大多数が小規模で、わずかな事業収入や行政からの補助金・助成金、寄付などを募って運営していることが多いため、財政基盤が不安定になりがちなのが特徴です。

大もうけができるような活動であれば、直ちに企業が参入するはずですから、**NPOはもうけが見込めない、でもそれを待ち望んでいる人が確かにいる事業に地道に取り組んでいる**のが常なのです。その結果、職員に十分な対価を支払うことができず、ボランティア頼みになっています。

図2―3は、内閣府の「NPOホームページ」に掲載されているNPO法人数の推移です。後に「ボランティア元年」と呼ばれるほど市民の力が示された1995年の阪神淡路大震災で一気に機運が高まり、1998年にNPO法が制定されたわけですが、23団体からスタートしたNPO法人が、4年後の2002年には1万団体を突破し、順調

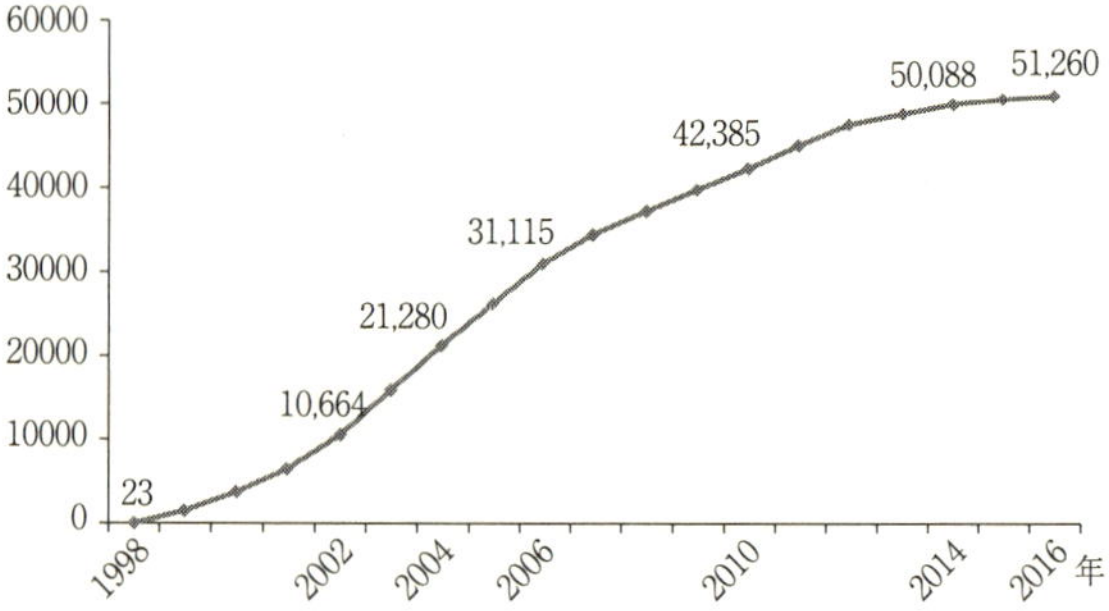

図2-3　NPO法人数の推移。内閣府「NPOホームページ」より

に増え続けた結果、2014年には5万団体に到達しました。

急増の背景にはいくつもの要因が思い浮かびますが、例えば2000年に施行された介護保険制度（福祉系NPOへの影響大）や、民主党政権下の2010年に提唱された「新しい公共」の動きなどは、NPO活動を後押しする環境の変化と見なせるでしょう。近年、増加のスピードは緩やかになっていますが、今後もさらなる拡大が期待できそうです。

NPOはどんな活動をしているのか？

NPOの活動分野は、実に多岐にわたっています。あらゆる分野に進出していると言っても過言ではありません。法人格を持たないNPOがどのような活動を

表　「特定非営利活動」の分野。内閣府「NPO ホームページ」より

①保健、医療又は福祉の増進を図る活動
②社会教育の推進を図る活動
③まちづくりの推進を図る活動
④観光の振興を図る活動
⑤農山漁村又は中山間地域の振興を図る活動
⑥学術、文化、芸術又はスポーツの振興を図る活動
⑦環境の保全を図る活動
⑧災害救援活動
⑨地域安全活動
⑩人権の擁護《ようご》又は平和の推進を図る活動
⑪国際協力の活動
⑫男女共同参画社会の形成の促進を図る活動
⑬子どもの健全育成を図る活動
⑭情報化社会の発展を図る活動
⑮科学技術の振興を図る活動
⑯経済活動の活性化を図る活動
⑰職業能力の開発又は雇用機会の拡充を支援する活動
⑱消費者の保護を図る活動
⑲前各号に掲げる活動を行う団体の運営又は活動に関する連絡、助言又は援助の活動
⑳前各号に掲げる活動に準ずる活動として都道府県又は指定都市の条例で定める活動

しようと自由ですが、ＮＰＯ法人として認証されるためには、「特定非営利活動」を主たる目的として行っている必要があります。

「特定非営利活動」は、前頁の表にある20種類の分野に該当する活動であり、不特定かつ多数のものの利益に寄与することを目的としています。

図２―４もまた、内閣府の「ＮＰＯホームページ」に掲載されている２０１６年９月30日現在の活動分野別のＮＰＯ法人数を示しています。一つの法人が複数の活動を行う例が多いため、活動分野の合計数は、図２―３で示した全体のＮＰＯ法人数をはるかに上回っています。

最も多いのが「①保健医療福祉」の３万００７９団体で、次いで「②社会教育」の２万４６９８団体、「⑲連絡助言援助」の２万４０９１団体、「⑬子ども」の２万３４４５団体、「③まちづくり」の２万２６４７団体と続き、これらの活動分野ベスト５は、いずれも２万団体を超えています。

「⑲連絡助言援助」という活動分野は分かりにくいかもしれませんが、専門的には中間支援組織と呼ばれる団体が含まれます。これは、言ってみればＮＰＯの運営を支援する

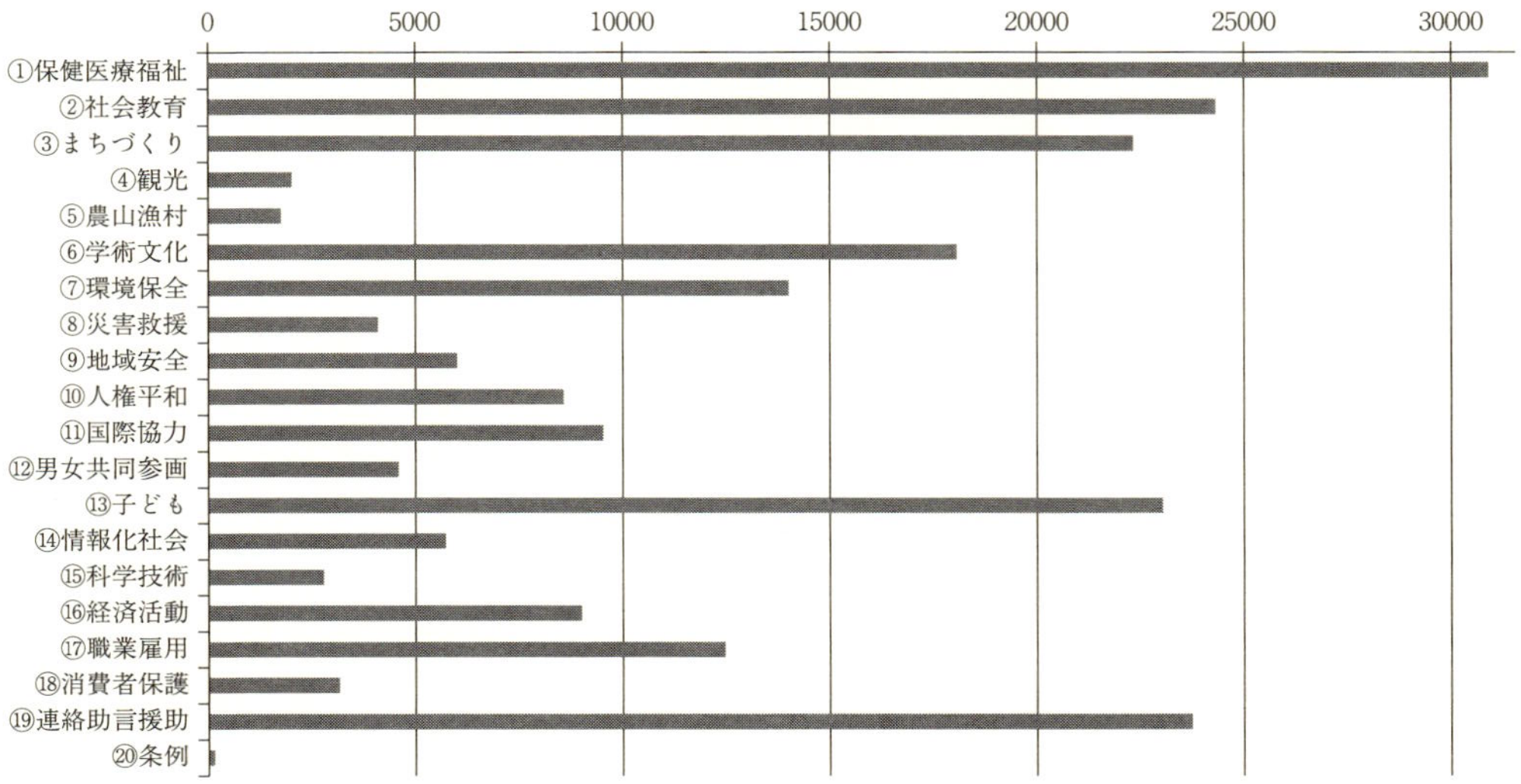

図 2-4　活動分野別 NPO 法人数。内閣府「NPO ホームページ」より

ＮＰＯです。様々な相談に応じたり、情報提供や資源の仲介、政策提言などを行ったりすることを主たる目的としています。

ＮＰＯというと、マスメディアでよく取り上げられる災害救援や国際協力、環境保全、さらにはまちづくりといった活動分野が思い浮かびますが、**実は福祉系ＮＰＯが最も多い**ことが分かります。

ＮＰＯでは誰が活躍してきたのか？

では、一体誰がＮＰＯ活動を担っているのでしょうか。ＮＰＯ活動とよく似た性質のものに自治会・町内会活動やＰＴＡ活動などがあります。フルタイムで働く者にとっては負担が大きく、基本的にボランティアなので担い手に事欠くという点が共通していて、時間的にも経済的にもゆとりのある人しか引き受けられません。

前章の内容を思い出してみてください。かつては男性（夫）が日本型雇用システムのもとで定年まで働き、家族の生活が安定していたため、女性（妻）は家庭を守ることに専念するという性別役割分業が確立していました。

ですから、自治会・町内会やPTAの役員は、平日昼間でも時間が取れる専業主婦の女性（妻）が担うことができたのです。自治会・町内会の役員は、地域の顔としての役割も求められるので、定年後の高齢者が担うことも多かったと思います。

それが今はどうでしょう。家族のサイズが小さくなり、夫婦共稼ぎが増え、物理的に引き受けられない人が増えるにつれて、「本当にそのような活動が必要なのか」という議論が沸騰《ふっとう》しています。自分や自分の家族のためだけでなく、地域のため、学校のために貢献することへの考え方が、人それぞれになってきたことも一因としてあるでしょう。

担い手に関しては、NPOも同じような事情を抱えていました。今なおその傾向がありますが、**初期の担い手は時間的にも経済的にもゆとりのある女性や高齢者が中心でした**。詳しくは第4章以降で述べますが、**企業社会とは一線を画した場で、苦労はありながらも思う存分やりたいことを実現していった**と言えるでしょう。

自治会・町内会活動やPTA活動と異なる点は、義務や押しつけではなく、そこに「志《こころざし》」があることです。NPO活動の本質を説明する時によく使われる言葉に「この指とまれ」があります。この言葉を団体名に使用しているNPOがいくつもあるくらい

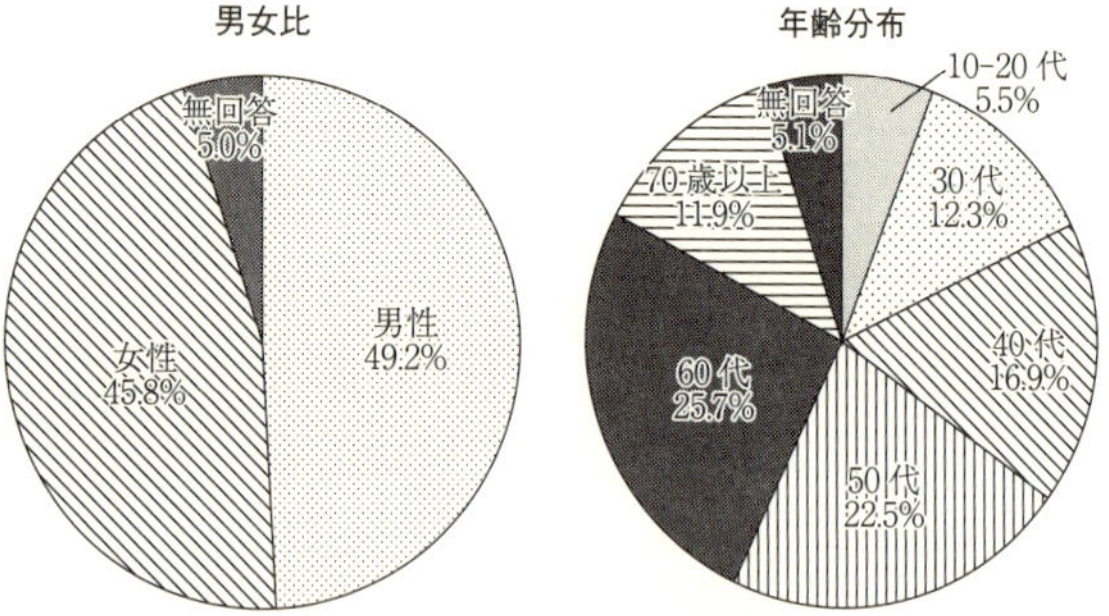

図 2-5　NPO で働く人の属性。JILPT『NPO 法人の活動と働き方に関する調査（団体調査・個人調査）――東日本大震災復興支援活動も視野に入れて』（2015）より

です。

何かやりたいこと、果たすべきミッションや理念があり、それに共感できる人が集まって、初めてNPO活動は成り立ちます。それらを共有しにくい自治会・町内会活動やPTA活動とはそこが大きく異なりますが、世の中の変化に直面しているのは同じです。

女性にも高齢者にも企業社会での活躍の場が広がりつつあります。NPO活動を継続するためには、より多くの人に参画してもらい、次世代に引き継ぐことも視野に入れて考えていかなければなりません。

データでも確認してみましょう。労働政策研究・研修機構（JILPT《ジルピーティー》）は、2014年7月に

「NPO法人の活動と働き方に関する調査（以下、2014年調査）」を実施しています。この調査は、全国のNPO法人1万2000団体と、そこで活動する事務局長、有給職員、ボランティアを対象にしており、団体調査で2720団体、個人調査で4165人から回答を得ています。

個人調査に回答した4165人の属性を図2―5で示していますが、男性が49・2％に対して女性が45・8％（無回答が5・0％）、年齢は最も多いのが60代の25・7％で、次いで50代の22・5％、40代の16・9％となっています。

これらの数値を見た限りでは、中高年層が中心で若者が少ないというくらいで、男女差もほぼなく、女性や高齢者がNPO活動を担ってきたという特徴がうかがえません。しかし、そこにはからくりがあります。もう少し丁寧にデータを読み解いてみましょう。

NPOでの「働き方」あれこれ

からくりというのは、NPOへのかかわり方（働き方）が一様ではないことです。私たちは調査をする際に活動形態を重視します。給料をもらってフルタイムで働いている

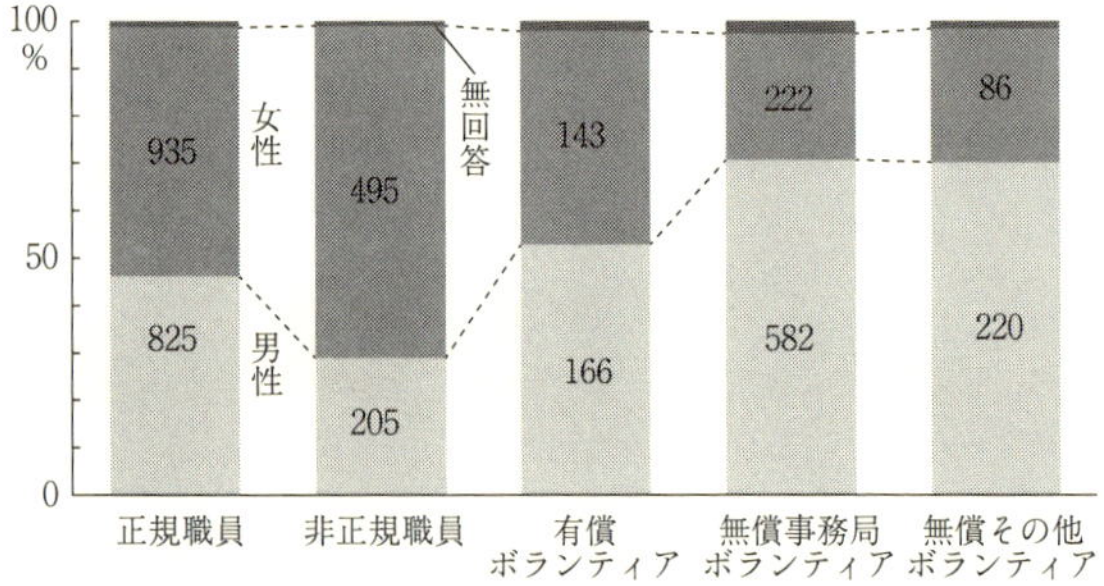

図2-6　NPOで働く人の活動形態別男女比。グラフ内の数字は、回答者の人数を表す。JILPT（2015）より
（注：インターン〔女性・30歳未満〕1人を無償その他ボランティアに含めた。以下、すべての図について同じ扱いをしている）

人もいれば、何かイベントがあった時にボランティアで参加するだけという人もいるからです。

２０１４年調査では、活動形態を正規職員、非正規職員、有償ボランティア、無償事務局ボランティア、無償その他ボランティア、インターンに分けました。正規職員と非正規職員が「有給職員」であり、それ以外は原則「無給」です。ただし、有償ボランティアは、必要経費や謝金などの支給を受けることがあります。

活動形態とは別に、「事務局長」という役職についているかどうかも重要なポイントです。事務局長はその団体の要となる役職であり、正規職員が担うことが多いわけですが、無償事務局ボランティアが事務局長である場合も珍しくありません。

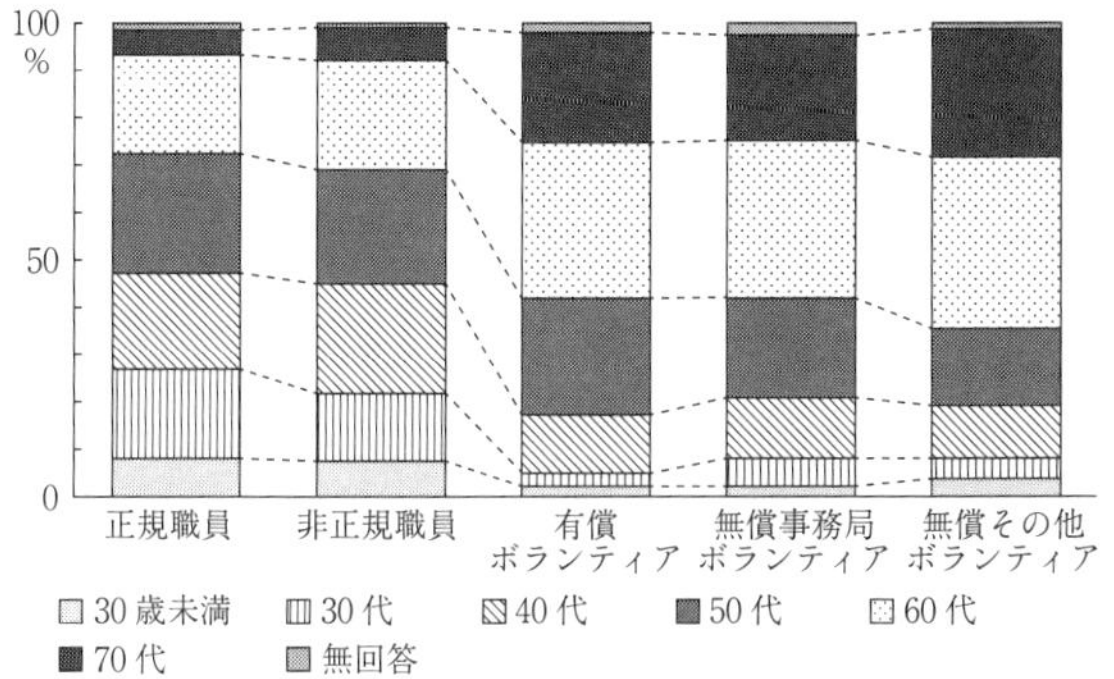

図2-7　NPOで働く人の活動形態別年齢分布。JILPT（2015）より

これらの活動形態や役職と、性別や年齢などの属性を組み合わせてみると、興味深い傾向が浮かび上がってきます。まず図2―6で示したように、有給職員は、正規職員も非正規職員も女性が優勢になっており、男性は女性に比べて無償事務局ボランティアの割合が高くなっています。とはいえ、事務局長の6割が男性です。

年齢で見ると、図2―7で示したように、**若年層は有給職員に多く、ボランティアになるにつれて高齢者の比率が高まってきます**。特に無償事務局ボランティアは、最終学歴や世帯年収が高く、4人に1人が年収1000万円以上という裕福さです。

次節で活動時間のデータも確認しますが、おおむね有給職員、とりわけ正規職員が多くの時間をNPOに割き、コア業務に従事していると考えると、その担い手はやはり女性であり、比較的若く未婚の人が多い傾向にあります。

他方、男性は、定年後にボランティアとしてマイペースでかかわる形が多そうです。時間的にも経済的にもゆとりがあるからこそできることであり、自治会・町内会の役員を引き受けるのと同じような感覚なのかもしれません。

こうして見てみると、**一見男女比に違いがなくても、女性は有給職員としてNPO活動に深くかかわっており、男性はあくまでも企業社会をリタイアしてから、セカンドキャリアとしてNPO活動にかかわり始めるのが主流である**ことが分かります。

なぜそうなるかと言えば、やはり**NPOで稼げる金額が限られている**からです。NPOで活動する男性の「寿退職」という言葉は、随分以前から知られています。独身であれば何とか生活できても、結婚して家族を養おうと思えば、NPOの稼ぎだけでは厳しいものがありますので、企業に就職して働いたほうが無難です。

それに対して、第4章で詳しく述べますが、**女性は長年企業社会での生きづらさがあ**

り、男性ほど稼げないことから、ＮＰＯの労働条件の悪さが男性ほど問題にならず、むしろ柔軟に活動できることに魅力があったと考えられます。

女性の場合、若年層はより「企業に就職する」に近い感覚で、中高年層は「パートに出る」から「ボランティアをする」まで人によって幅はありそうですが、それぞれに見合ったかかわり方でＮＰＯを支えてきた姿が浮かんできます。

にもかかわらず、事務局長となると男性が多くなるのは、「役職者＝男性」という考え方がＮＰＯでさえも根強く浸透しているのかもしれません。

有給職員の給与は？　労働時間は？

前節で「ＮＰＯで稼げる金額が限られている」と書きましたが、いよいよＮＰＯの労働条件、つまりどれくらい働いて、どれくらいの収入が得られるのか、という核心に切り込んでいきたいと思います。これも２０１４年調査で詳細に調べられています。

一口に有給職員と言っても、給与の支払形態は時給、日給、月給、年俸とバラバラです。特に数の多かった時給と月給を見てみると、図２―８に示したように、時給は平均

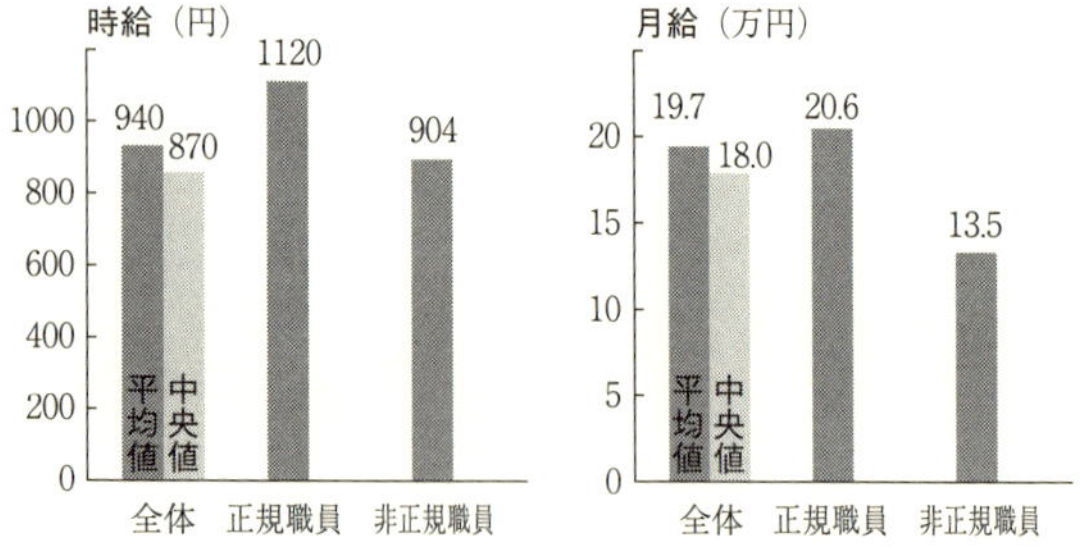

図2-8　NPOで働く人の時給・月給。JILPT（2015）より

が940円、中央値が870円、月給は平均が19・7万円、中央値が18万円でした。中央値は、金額のデータを順番に並べたときに真ん中に位置する値のことで、時給、月給共に平均値を若干下回っています。

正規職員と非正規職員に分けてみると、時給の場合は、正規職員の平均値が1120円であるのに対して非正規職員は904円、月給の場合、正規職員が20・6万円であるのに対して、非正規職員は13・5万円でした。正規・非正規の格差は、企業だけの問題ではありません。

なお労働時間に関しては、標準的な1日の実労働時間と週の労働日数を尋ね、これらを掛け合わせて週当たりの実労働時間を算出しています。図2―9で示したように、正規職員は、標準的な1日の実労働時間を8時間とする人が6割近くに達し、平均値は8・17時間でした。非正規職

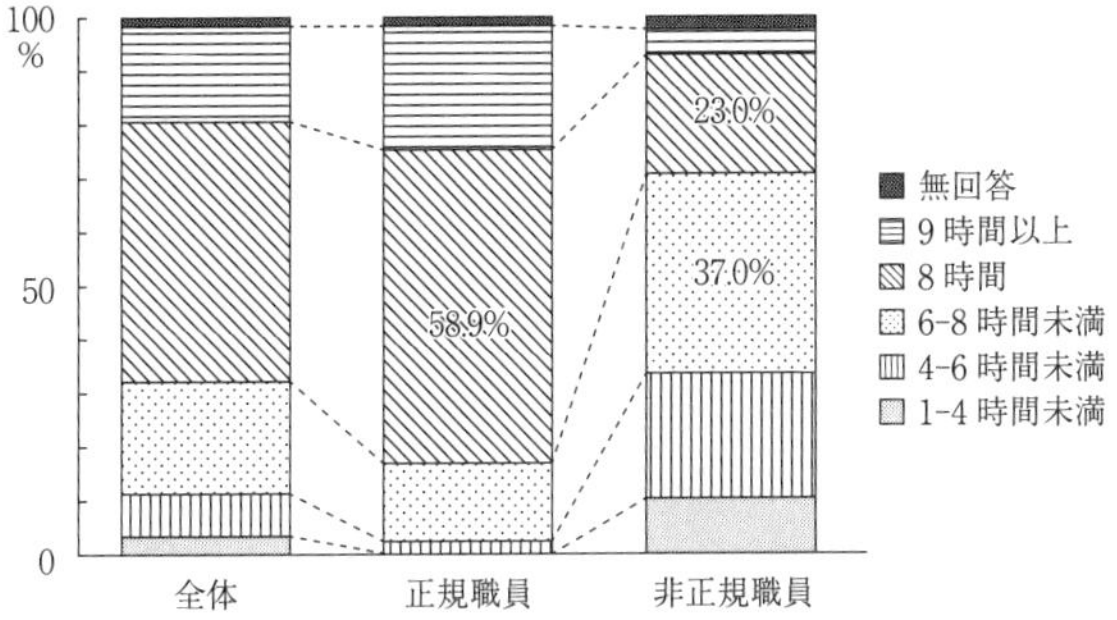

図 2-9　NPO で働く人の 1 日の実労働時間。JILPT（2015）より

員は、それよりもやや短くなりますが、6～8時間未満と8時間で6割に達し、平均値は6・14時間でした。

　週当たりの実労働時間で見ても、図2―10で示したように、正規職員は約半数が40時間と回答しており、平均値は41・98時間でした。非正規職員は20～35時間未満が4割と最も多く、20時間未満の3割強が続き、平均値は24・62時間でした。非正規職員は、1日6時間で週4日働くというパターンが見えてきます。

　正規職員にしても非正規職員にしても、労働時間に関しては企業で働くのと変わりない働き方をしていると言えそうです。ただ、給与に関しては、全体の平均値が企業における新入社員やごく若い人の給

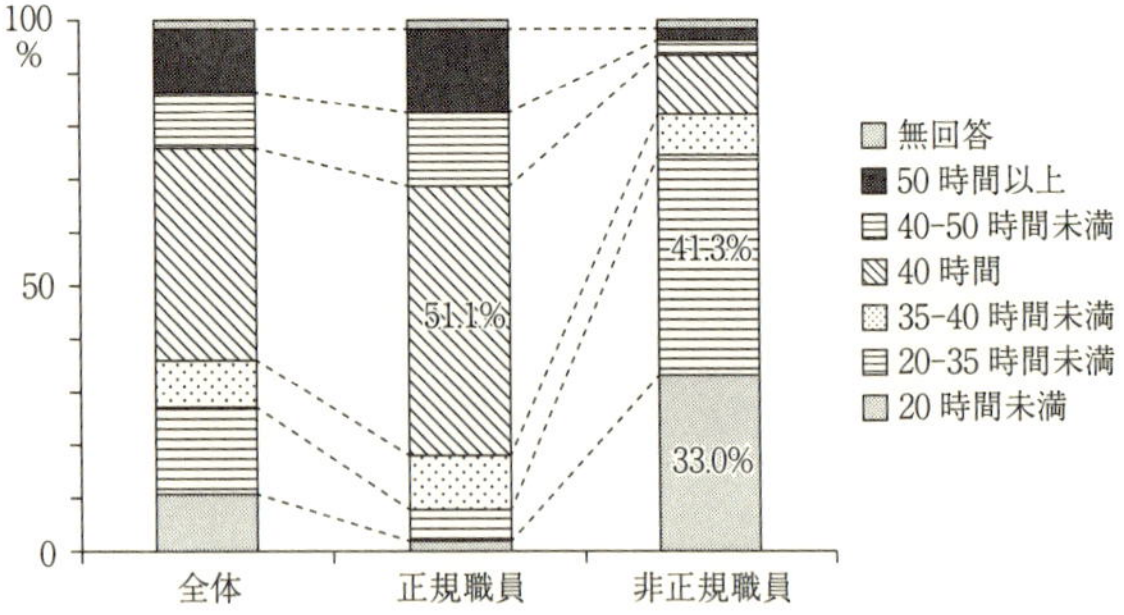

図 2-10　NPO で働く人の週当たりの実労働時間。JILPT（2015）より

与水準にとどまっていると言わざるを得ません。

２０１４年調査の団体調査では、給与について別の角度から尋ねています。各団体で雇用している正規職員のうち、給与額の高い人、平均的な人、低い人の年収と、非正規職員のうち、時給の高い人、平均的な人、低い人の金額を回答してもらっています。

その結果、正規職員の年収は、高い人で３７２・６万円、平均的な人で２６０・４万円、低い人で２１９・１万円でした。また、非正規職員の時給は、高い人で１２０３・６円、平均的な人で９９１・９円、低い人で８８９・４円でした。次節でさらに経年変化も見ますが、企業で働くのと比べて高いとはとても言えませんが、低過ぎるというわけでもないのです。

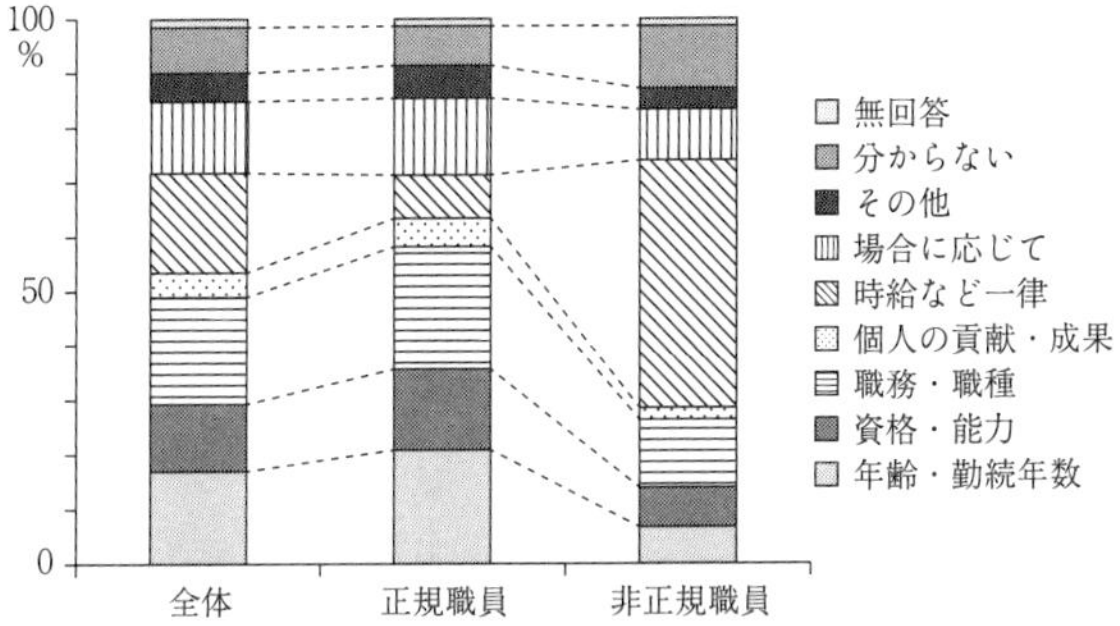

図 2-11　NPO で働く人の賃金の決まり方。JILPT（2015）より

個人に対しては、他にも賃金関係の問いが設けられています。例えば、図2―11は賃金をどのように決めているかについて示していますが、企業とは傾向が異なり、正規職員は「職務や職種に応じて決定」が最も多く、次いで「年齢や勤続年数に応じて決定」となります。非正規職員は、「時給などで一律に決定」が半数近くに及んでいます。「場合に応じて決定」という回答がそこそこあることにも、NPOらしさが表れています。団体の財政基盤が不安定で、その時その時の事情に左右されることが多いため、経験を積み、知識や技能を向上させても、企業のように昇進や昇給につながる仕組みを確立しにくいのです。

とはいえ、「有給職員になった時点から、現在までに賃金がどのように変化しましたか」という問いに対しては、正規職員は「ほとんど変化がない」が半数を占めるものの、「低下傾向」が5・6％であるのに対して「上昇傾向」は41・8％と優勢であり、非正規職員も「低下傾向」の9・6％に対して、「上昇傾向」は24・9％でした。現場では、少しずつ改善されてきているようです。

ちなみに、「現在のNPO法人で加入している社会保障等」は、正規職員であれば雇用保険、健康保険、厚生年金のいずれも7～8割の加入率でした。非正規職員はまだ半分に満たない加入率にとどまっていますが、この辺りの態勢も徐々に整えられてきています。

この10年間の発展

JILPTでは、2004年から2005年にかけて、「NPO法人における能力開発と雇用創出に関する調査（団体調査：以下、2004年調査）」「NPO活動と就業に関する実態調査（個人調査）」という二つの大掛かりな調査を実施しており、それぞれ3495団体、2200人から回答を得ています。2014年調査はその10年後のフォローア

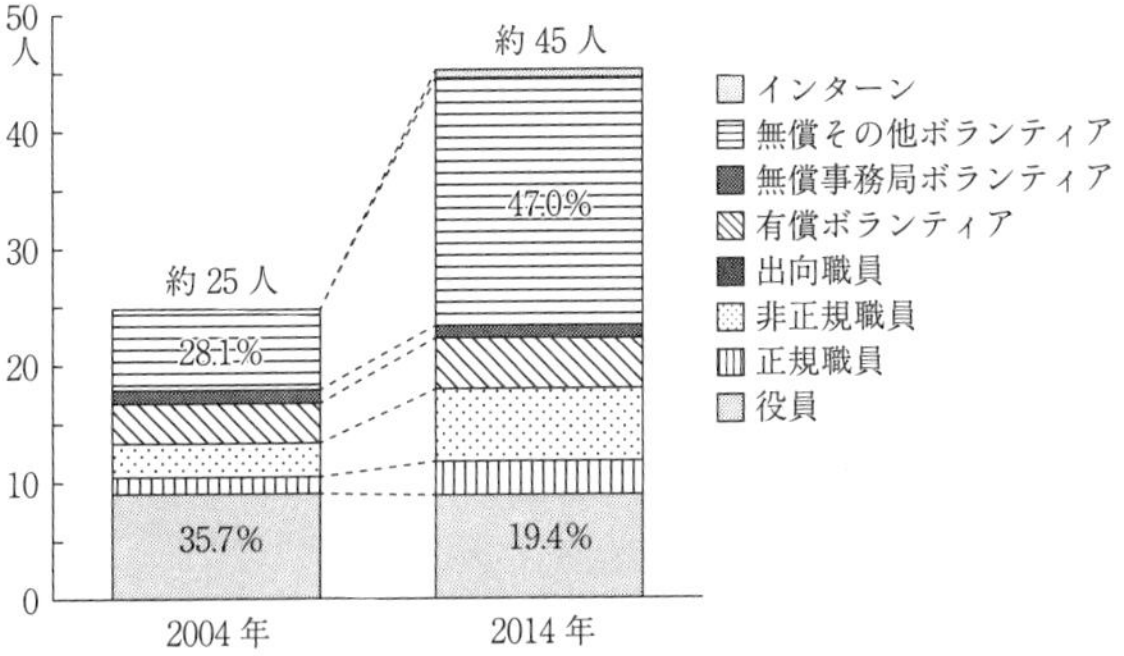

図2-12　NPOの人員構成の変化。JILPT『NPOの就労に関する研究――恒常的成長と震災を機とした変化を捉える』(2016、第3-1-2図) を改変

ップのために実施されたものでした。

この10年間で、NPO法人数は、ざっと2万団体から5万団体に2・5倍ほど増えています。また、前節でもある程度整いつつある労働条件のもとで働く姿が見て取れましたが、この二つの時点における調査を比較することで、この10年間に絞って経年変化を捉えてみたいと思います。

まず図2―12を用いて人員構成を見てみましょう。2004年調査では役員、正規職員、非正規職員、出向職員、有償ボランティア、無償事務局ボランティア、無償その他ボランティア、インターンの合計人数の平均値が約25人だったのに対して、2014年調査では約45人に増え

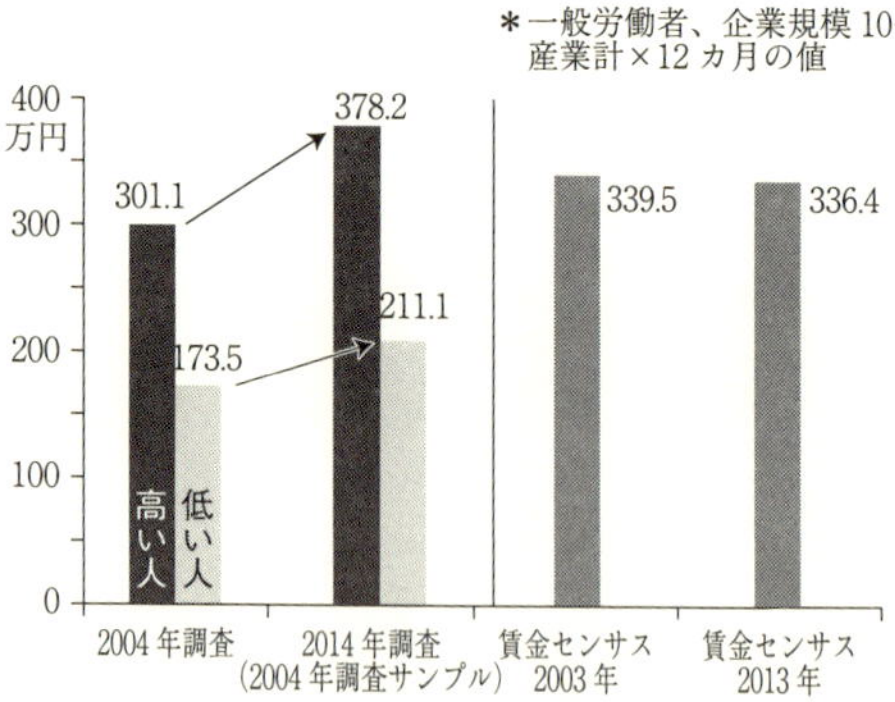

図 2-13　NPO における正規職員の年収の変化（左図）と企業で働く一般労働者の年収（右図）との比較。JILPT（2016、第 3-2-2 図）を改変

ています。**団体数だけでなく、団体規模も拡大傾向にあることがうかがえます。**

構成比で大きな変化を見せたのは、役員と無償その他ボランティアです。役員が構成比を15ポイント以上下げ、その分が無償その他ボランティアに加算された形になっています。有給で働いている正規職員、非正規職員は3ポイントほど構成比が高まり、団体規模の拡大に見合った人員増はあったようですが、ボランティアの増加が団体規模の拡大には一役買っているようです。

図2―13は、NPOにおける正規職員の年収を、二つの時点における調査で比較しています。2004年調査と2014年調査の双

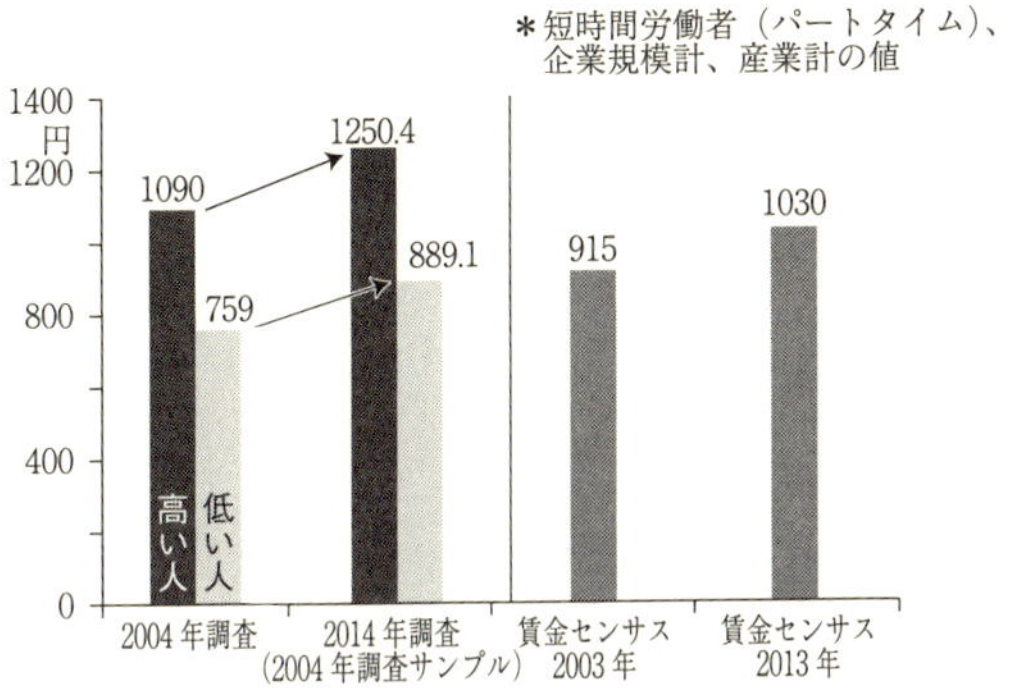

図2-14　NPOにおける非正規職員の時給の変化（左図）と企業で働く短時間労働者の時給（右図）との比較。JILPT（2016、第3-2-3図）を改変

方に回答のある団体についてピックアップし、給与額の高い人と低い人について比較したのが左の2本の棒グラフです。給与額が高い人は301・1万円から378・2万円に、低い人でも173・5万円から211・1万円に上昇しています。

これに対して、企業で働く人の年収を、厚生労働省「賃金構造基本統計調査（賃金センサス）」の一般労働者、企業規模10～99人、産業計の1カ月の賃金額を12倍して求めたところ、この10年間であまり変化が見られず、約340万円という金額が得られました。

NPO法人における正規職員の年収は、この10年間で着実に上昇しました。その結果、同じ

ような規模の企業で働く人と、ほぼ遜色《そんしょく》のない水準にまで到達していることが示されています。

図2―14は、NPOにおける非正規職員の時給を、二つの時点における調査で比較しています。こちらも図2―13と同様、2004年調査と2014年調査の双方に回答のある団体についてピックアップし、時給の高い人と低い人について比較したのが左の2本の棒グラフです。時給が高い人は1090円から1250・4円に、低い人でも759円から889・1円に上昇しています。

時給についても企業で働く人と比較してみましょう。賃金センサスの短時間労働者(パートタイム)、企業規模計、産業計の時間当たり賃金額は、この10年間に915円から1030円と13%ほど上昇していますが、NPO法人の時給の上昇幅はこれを上回っており、水準もやはり遜色ありません。

NPOの強みと弱み――「道」になるためには

ここまでざっとNPOの輪郭をなぞってきました。イメージ通りだった人もいれば、意外に思うことが多かった人もいるかもしれません。ここでもう一度NPOの個性と特徴をまとめて、「普通に働く」と対比させておきたいと思います。

まずNPOは活動分野が多岐にわたっており、NPO法人だけでも5万団体を超える一つの大きな産業のような様相を呈しています。２０１４年調査のデータを用いた山内直人・大阪大学教授の推計によると、給与総額だけ見ても「１兆円産業」に成長しており、相当大きな雇用の受け皿になる力を秘めているとのことです。

これだけの裾野の広がりがあれば、NPOと自分の興味ややりたいこととの接点を見出すのもそう難しくはありません。企業と同様、NPOも地方よりは都市に集中しているので、身近に適当なNPOがなければ、自分で設立することももちろんあっていいと思います。

NPOの最大の強みは、企業よりも一層多様な「働き方」が許容されている点です。自分の置かれている状況やライフイベントに合わせて、有給職員としてでもボランティアとしてでもかかわることができますし、活動形態の変更も企業で働くよりはスムースに行われています。女性や高齢者がコア業務に従事しつつ、個別事情で働き方に融通を利かせることも日常茶飯事です。

もう一つの強みは、社会とのかかわりを実感できる点です。NPO活動を一言で表現するならば「社会貢献活動」になるので、活動の成果が「誰かの役に立っている」ことが目に見えて分かる場合がほとんどです。具体例は後半の章で見ていきますが、これは活動する側にとっても手応えややりがいにつながり、活動への意欲を強くかき立てられることになるでしょう。

一方、**弱みはやはり労働条件です。**正規職員としてフルタイムで働いたとしても、中小企業の平均年収より多くは望めず、長期勤続による出世や昇給もさほど見込めません。「生計を立てる」という意味では不確実性が大きく、よほど組織として確立した、長年の実績のあるNPOに就職しない限り、「人並みの生活」はハードルの高い目標と言えるでしょう。

しかし、これも考え方次第です。**一つのNPOに骨を埋める覚悟ならその通りですが、NPOで経験を重ね、身につけた知識や技能を武器に、ステップアップ（転職）を目指す人は急速に増えています。**

より大きなＮＰＯや海外のＮＰＯへの転職は言うまでもなく、国際機関や企業でもＮＰＯでの活動経験を採用の条件にしていたり、高く評価したりするところは多々あります。加えて、ＮＰＯからソーシャルビジネス（地域社会の課題解決にビジネスの手法を活用して取り組むもの）やコミュニティビジネス（ソーシャルビジネスのうち、より地域性の強いもの）への進出も一つのルートになってきています。この点は、終章でもう少し踏み込んで扱うつもりです。

「この道しかない」という呪縛から解放されるためには、「普通に働く」に代わるキャリアの選択肢を探り、創り出し、選ぶだけでなく、いったん選んだ「道」は歩き続けるもの、という意識からも脱却したほうがよさそうです。

「道」は、最後まで歩き続けなくてもいいのです。近道でも回り道でも、次につながる道を沢山知っているほうが、より豊かな人生が待ち受けているような気がしませんか？
少なくともＮＰＯは、そういう道の一つにはなってきています。

第3章

〈若者〉キャリアの選択肢としてのNPO

「道」を知るきっかけは「現場」にある

ここからは、NPOという「道」を選ぶ担い手側に軸足を移していきたいと思います。最初は若者に注目します。若い世代ほど「普通に働く」が手に入りにくく、キャリアの選択肢を広げることが切実に求められています。第1章で説明した急激な雇用環境の変化に最もさらされているのがこの世代ですから、自らが歩む長いキャリアと不透明な未来を見越して戸惑いも大きいのではないでしょうか。

キャリアの選択肢を広げるためには、どのような道があるのかを知らなければなりません。私たちは、一体いつ、どのような形でNPOとの「初めての出合い」を果たしているのでしょうか？　私の場合、「何となく聞いたことがある」を超えてはっきりと把握したのは、研究テーマとして意識した30歳くらいの頃でした。

その頃はまだNPO法が制定されたばかりで、NPOの数自体も少なく、今とは全く事情が異なります。しかし、当時でも充実した活動を展開しているNPOは、探せばいくつもありました。

今でも記憶に鮮明に残っているのですが、2002年度の「調査実習」という授業で初めてNPOを取り上げることになり、受講生たちと一緒に、ある国際協力団体の事務所を訪問したことがありました。私も受講生たちも、実際のNPO活動を全く知らなかったので、どんなテーマで調査をすればいいのか皆目見当がつかなかったからです。

見学だけのつもりが、宅配ピザを囲んで、スタッフやインターンの皆さんとの交流が大いに盛り上がり、あっという間に時間が過ぎていきました。その団体は、ベトナムやアフガニスタンなどの開発途上国の自立支援をミッションにしていたため、現地の実態やそこでの活動の様子など、ただただ「すごい！」と圧倒されるお話の数々に、すっかり引き込まれてしまったのです。

自分たちとさほど歳の違わない人々が、軽々と国境を越え、リスクと責任を背負いながら支援活動に打ち込んでいる熱気に触れて、「こんなにいきいきとした世界があるんだ」としみじみ感動したものです。自分の身の回りだけで精一杯で、国際協力なんて考えたこともないけれど、そういうことをやっている人々が目の前にいて、何だかとても楽しそう、と素直にそう思いました。

受講生たちにとっても刺激的な出来事だったのではないでしょうか。「NPOって面白い！」となり、その年の調査実習では、二つの班がNPOを調査テーマとして扱いました。その成果は、「NPOにおける高齢者の自己実現と活動促進に関する実態調査――大阪府におけるNPO法人と活動参加高齢者の調査分析」「行政とNPOの協働における事業委託の位置づけ――京都府の事例に基づく実証分析」という2本の論文にまとめられています。両方とも貴重なデータや情報が含まれていて、学内限りにするのはもったいない気がしたので、少し背伸びして学生たちに学会で報告してもらいました。

現場に足を運ぶことによって、文献や資料、データからは得られない様々な気づきがあります。「なぜ見ず知らずの人のためにそこまでできるのか」という根源的な疑問も、活動している人々の充実ぶりに触れて納得する半面、さらにその心の奥底まで掘り下げて探ってみたくなります。私もまたこの経験がなければ、「なぜボランティア団体が雇用の受け皿に……」という浅い認識と関心の低さから、容易に抜け出すことはできなかなかったでしょう。

この点については、関連する調査結果もあります。前章の冒頭で取り上げた「阪神地区公立高等学校出身者のキャリア形成に関する調査」（2003年）です。前章では、マスメディアが作りがちな特定のNPOのイメージに左右され、NPOに対して否定的なイメージを持つ場合があることを指摘しました。

この調査の回答者のうち、NPO活動に参加している（参加したことがある）人は1割にも満たなかったのですが、参加する直接のきっかけとして上位に挙がっていたのが「友人・知り合いなどからの紹介」「企業・団体・自治体などの職場で活動し、NPOの業務と兼任している」でした。

つまり、**活動への参加に関しては、マスメディアを介してではなく、NPOあるいはNPO活動への参加者が身近に存在し、直接接触できる環境にあることが、大きく寄与しているということです。**

この事実は恐らく、10年以上経った今でも変わりません。間接的な形ではなく、現場に自ら足を踏み入れ、現場の熱気を肌で感じることで初めて、そういう道もあることが現実味を帯び、自分の道として捉えることができるようになるのです。

なお、この調査では、NPO活動に対して「キャリアを積むことができる」いうイメージを持つ人は、わずか3・5%にとどまりました。NPO活動を何らかの形で仕事とつなげて考えている人は極端に少なく、仕事とはかけ離れた社会活動に過ぎないという認識が大勢を占めていたのがその当時の実情でした。

学校教育が変化している

では、どうすれば現場に自ら足を踏み入れ、現場の熱気を肌で感じることができるのでしょうか。先の調査で挙げられていたように、一昔前であれば、家族や友人・知り合いが活動しているので誘われて……という以外は、ほとんど接点の持ちようがなかったのではないかと思います。

ところが、今はどうでしょう。まず着目すべきは学校教育の変化です。小・中・高校を通じて、授業や行事などでフィールド（現場、校外）に出たり、フィールドから人を招いたりする機会が格段に増えています。

例えば、JAXA《ジャクサ》（宇宙航空研究開発機構）には「宇宙教育センター」という組織があり、宇宙開発に関する豊富な実績をもとに、学校教育支援や授業連携に積極的に取り組んでいます。ウェブサイトには数々の実践例が紹介されていて、ペットボトルロケットの製作や、英語と日本語を両方使って宇宙への夢の旅行をグループで話し合うなど、実に楽しそうです。

また「大学のまち」である京都市では、教育委員会の旗振りで年間約2000人の学生ボランティアが市内の幼稚園や学校で活動しています。一緒に遊ぶことから始まって、勉強を教える、学校行事や部活動のサポートをするなど、求められる活動内容も幼稚園や学校によってバラエティに富んでいます。

私自身は、小学校の社会科見学で近所の製鉄所に行ったことぐらいしか思い出せませんし、先生以外の人が何かを教えに来てくれた覚えも、大学生のお兄さん、お姉さんに面倒を見てもらった覚えもありませんので、何とも隔世の感があります。

このような変化の背景には様々な要因があるのですが、その一つが1998年の学習指導要領の改訂による「総合的な学習の時間」の創設です。文部科学省のウェブサイトでは、「変化の激しい社会に対応して、自ら課題を見付け、自ら学び、自ら考え、主体的に判断し、よりよく問題を解決する資質や能力を育てることなどをねらいとする」という趣旨が説明されています。

この総合的な学習の時間をどう活用するか、各校が頭を悩ませ、企業や行政、地域、大学・研究機関などと連携し、教室から飛び出す、あるいは外部から人に来てもらって一緒に活動する様々なプログラムが生まれたわけですが、この辺りから「アクティブラーニング」という言葉も一般的に使われるようになってきました。

「アクティブラーニング」って何ですか?

アクティブラーニングとは、一言で表現するならば「能動的な学習」のことです。文部科学省のウェブサイトでは、**教員による一方向的な講義形式の教育とは異なるもの**とされ、具体的な方法として発見学習、問題解決学習、体験学習、調査学習に加えて、教室内でのグループ・ディスカッション、ディベート、グループ・ワークなどが挙げられています。

ＮＨＫで１９９８年から18年間にわたって放送された「課外授業　ようこそ先輩」という番組がありましたが、アクティブラーニングの分かりやすい一例と言えるでしょう。随分以前に、学生に「大学もああいう授業をやってくれればいいのに」と言われたことがありました。学生にとっても一方向的な講義形式の教育よりは、手応えややりがいを感じやすい学び方ではあるようです。

アクティブラーニングは、まさに総合的な学習の時間で実施されてきたプログラムと重なりますが、それが通常の授業にも積極的に取り入れられるようになり、今や花盛りの様相を呈しています。

２０１６年8月1日に、次の学習指導要領（２０２０〜２２年度から実施）について中央教育審議会が審議のまとめ案を公表しましたが、その中にも、全体としてアクティブラーニングを推進する方向性が打ち出されました。それが趣旨に見合った学習効果をもたらすかはさておき、**今後もますますアクティブラーニングは広がりと深化を見せ、学校教育とフィールドとの交わりは間違いなく増えることが予想されます。**

企業や行政、地域、そして大学・研究機関も、小・中・高校の教育に一層力を入れて関与するようになってきています。より実効性のあるアクティブラーニングを実現するためには、学校以外との連携や協力関係が必須だからです。

そのネットワークの一端には、学ぶ対象としても、学びを支援する主体としても、NPOが存在感を示しています。学校教育の変化と、それらを通じたNPOとの出合いは、人生を変える選択をもたらす可能性を秘めていますし、少なくともNPOという「道」を知るきっかけは、以前とは比べものにならないほど身近になってきています。

大学でも「現場」で学ぶ

小・中・高校のみならず、大学ももちろんアクティブラーニングの導入には前向きです。成人している学生も多く、サークル活動や自らの立案で様々な取り組みを行うことができますので、その後方支援もまた大学の役割の一つです。

例えば、大学がボランティアセンターを設けるのは、ごくありふれた光景になっています。中には長い歴史を誇るボランティアセンターもあるようです。「大学　ボランティアセンター」で検索してみると、主だった大学にはほぼ設置されているのには驚きました。

　同志社大学でも２０１６年４月にボランティア支援室が開設されました。近くを通ると頻繁に学生が出入りしていて、「結構ニーズがあったんだな」と思わずにはいられません。２０１６年４月半ばに起こった熊本地震のボランティアにも、開設早々のここを経由して多くの学生が参加したことでしょう。

　ボランティアに出向けば、そこでは企業や行政、地域の人々、それこそ別の角度から支援に入っているＮＰＯの人々などとの新たな出会いがあります。支援する側だけでなく、支援される側の人々との出会いもあります。**学内で勉強しているだけでは絶対に知り合えなかった人々です。**そこで大いに触発されるだろうことは想像に難くありません。

　ボランティアはあくまでも課外活動ですが、正課科目でもいろいろなプログラムが用意されています。「実習形式」の授業として調査実習やインターンシップ、プロジェクト型授業（Project Based Learning：以下、ＰＢＬ）などがあり、いずれもフィールドに飛び出して行くことが前提になっています。

　この中で、アクティブラーニングの代表例であるＰＢＬの内容を詳しく取り上げてみようと思います。

「現場」で学ぶからこそ得られるもの

同志社大学では「プロジェクト科目」というPBLを2006年度から設置していま す。現在11年目に入っていますが、「社会の教育力を同志社大学へ！」というスローガンのもと、毎年8月から9月に次年度のプロジェクトが公募され、民間企業、団体（NPO・地方自治体などを含む）、個人からユニークなテーマが数多く寄せられます。このテーマ（様々な課題）について、解決策をチームで検討し、探っていく科目なのです。

書類審査、面接審査を経てテーマが採択され、一定数の受講生を確保できれば、次年度に開講の運びとなります。2016年度は16科目が開講に至り、200人ほどの学生がそれぞれのプロジェクトに取り組んでいます。

実際は、営利を追求するプロジェクトのほうが少数派で、ボランティア的なものが大半です。これまでの応募状況を見ても、個人の応募が圧倒的に多いのですが、民間企業よりは、NPO、社団法人、財団法人などの団体の応募数のほうが上回っています。

過去5年間で採択されたテーマのうち、NPOが関係しているものをいくつか挙げてみると、「世界遺産をデザイン！——花『桜』と共に生きる吉野山プロジェクト」「社会と結びつくアート——アートで社会貢献するプロジェクトづくり」「町と繋《つな》がる福祉事業所をめざして——障がい者支援イベントを考える」などがあります。どのテーマもなかなか面白そうです。

社団法人、財団法人や地方自治体の提案によるテーマも含めるとさらに数は増えますし、プロジェクトを進める中でNPOと連携する場面に遭遇することもよくあります。ほぼすべてのプロジェクトが通年で開講されていますので、受講生は1年間をかけてじっくりフィールドと向き合うことになるわけです。

プロジェクト科目の目的は、先例や正解のない事態に臨機応変に対処する「チカラ」を身につけることです。テーマの公募要領には、「学生に生きた智恵《ちえ》や技術を学ばせるとともに、『現場に学ぶ』視点を育み、実践的な問題発見・解決能力など、いわば学生の総合的人間力を養成することを目的としています」と説明されています。

しかし、期待される成果は恐らくそれだけではありません。**普通の学生生活では味わ**

えないような経験を通じて、こういう世界もある、こういう道もあるという認識が芽生えることは、学生の将来的なキャリアに無視できない影響を及ぼす可能性があります。

この点は、きちんと検証できているわけではありません。アンケートを取れば簡単に分かるということでもないと思います。10年以上の積み重ねのある科目の成果を、さらなる時間をかけてじっくり検証していく意義は大いにあると思いますが、ここでは一つだけエピソードを紹介しておきます。

この科目をかつて受講して、顕著な実績を残した女子学生がいました。卒業後、自らビジネスを立ち上げる道を選んだ彼女は、今度は自分が、プロジェクト科目に会社を挙げて応募する立場になりました。

残念ながらテーマは採択には至らなかったのですが、偶然お話しする機会を得た中で、彼女のキャリアデザインも、ビジネスの内容も、今後の展望も、プロジェクト科目の経験がなければそうはなっていなかっただろうなと確信めいたものを感じました。

これはあくまでもたった一人のエピソードです。ですが、キャリアってこういう風に形作られていくんだな、興味深いなと率直に思いました。まだ表面には現れていないかもしれませんが、変わりゆく学校教育から若者がどのような影響を受けて、どのような選択につながるのか、しっかり見届けたいところです。

NPO活動をする若者が増えている

今の若者は、学校教育に加えてマスメディアでもNPOについて見聞きする機会が断然多くなり、あらゆる方面から実態を知ることができるようになっています。一方NPOを取り巻く環境にも目まぐるしい変化があり、前章で人員や賃金の経年変化を示したように、各団体が着実に実力を蓄えている様子がうかがえます。

その結果、近年NPO活動を始めた人には、以前からのNPO活動者とは異なる傾向が見られることが分かりました。これを第2章で取り上げたJILPT（労働政策研究・研修機構）の2014年調査（「NPO法人の活動と働き方に関する調査」）のデータで確認してみることにします。2014年調査の個人調査の回答者は4165人でしたが、そのうち活動開始時期が明らかで、かつ所属する団体が団体調査にも回答している3850人を分析対象としました。所属する団体のデータも分析に用いるためです。

「近年NPO活動を始めた人」をどう区分するかについては、2011年3月の東日本大震災を指標にしました。その理由については次節以降で改めて言及しますが、あれだけの大惨事を目の当たりにして、「何か自分にできることは?」と考えた人も多かったことでしょう。それは、必ず行動にもつながっているはずです。

2010年以前に活動を開始した2563人を「震災以前」、2011年以降に活動を開始した1287人を「震災以降」、そのうち震災をきっかけに活動を開始した146人を「震災契機」として比較しました。「震災以降」を、ひとまず「近年NPO活動を始めた人」と見なします。

属性を見てみると、男女比はほぼ半々で活動開始時期による違いは少ないものの、震災契機に若干男性が多くなっています。平均年齢は震災以前が56・9歳、震災以降が48・2歳、震災契機が46・2歳と若くなり、震災以前では2%弱だった「30歳未満」が、震災以降、震災契機では1割を超え、「40歳未満」が全体の3割を占めるようになっています(震災以前は1割でした)。

婚姻状態や最終学歴など、その他の属性と照らし合わせてみても、近年NPO活動を

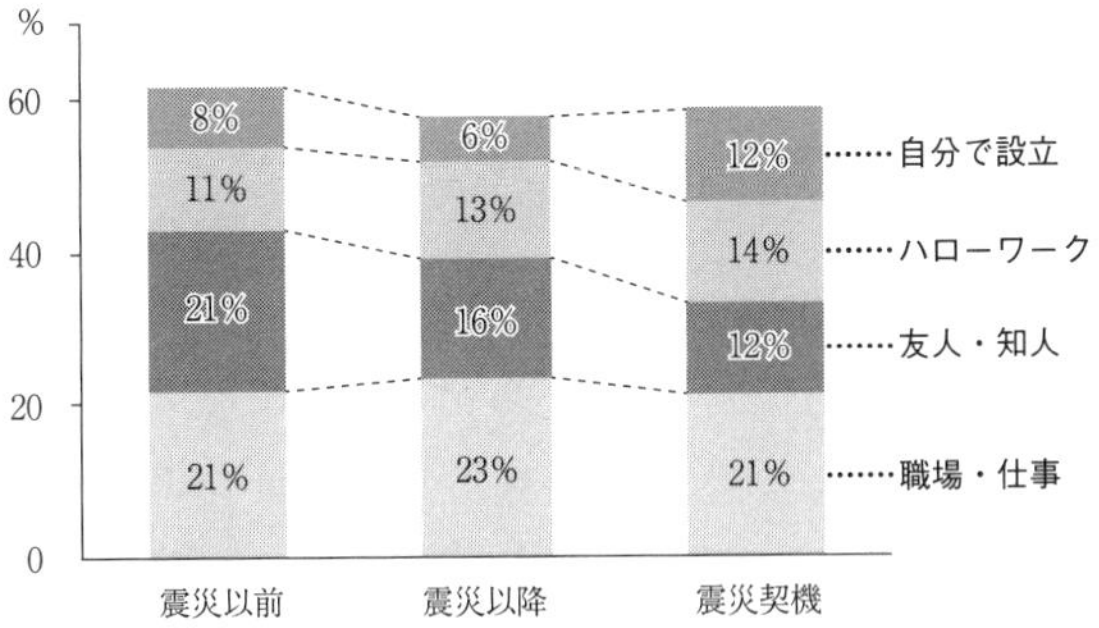

図3-1　NPO活動を始めた直接のきっかけ。JILPT『NPOの就労に関する研究──恒常的成長と震災を機とした変化を捉える』（2016）より

始めた人は比較的若年層で、未婚者や学生も目立っています。前章で見てきた既婚女性や中高年層といった従来のNPO活動者のイメージからはズレが生じてきていることが分かります。

NPO活動とキャリアの関係

図3―1は、現在のNPO法人で活動を始めた直接のきっかけを比較しています。先にも触れたように、人的つながり（「職場や仕事を通じた紹介」「地域の友人・知人からの紹介」「その他の友人・知人からの紹介」）が震災以前に多いのは納得の結果ですが、近年は徐々に減少し、「ハローワークを通じての公募」や、震災契機では「自分で設立した」も増えています。ハローワークの利用

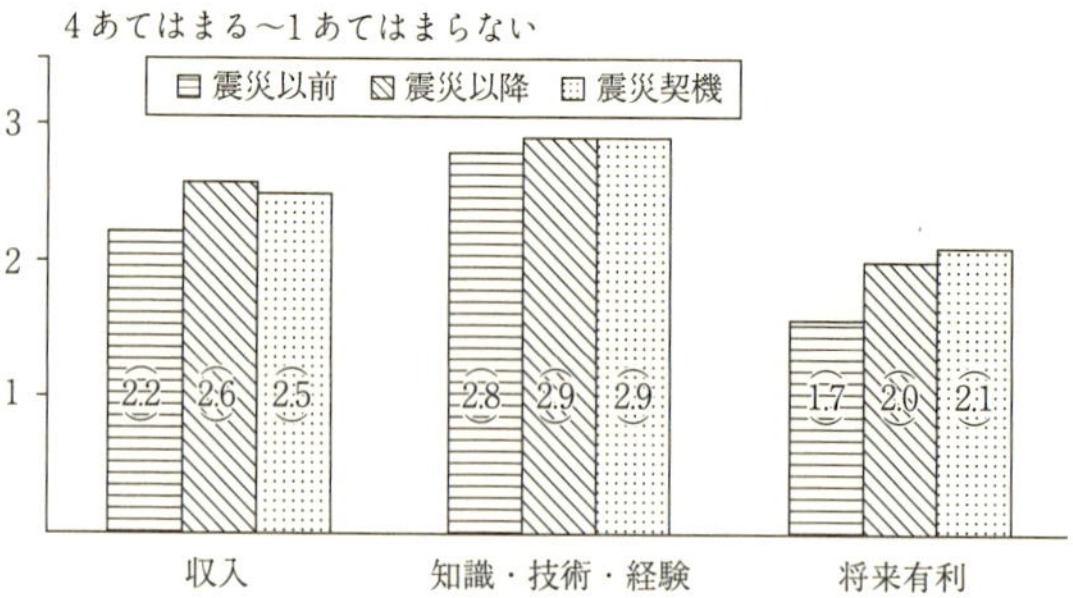

図3-2　NPO活動を始めた動機。JILPT（2016）より

が、就業と共通する行動であることには注目したいところです。

図3―2は、現在のNPO法人で活動を始めた動機を比較しています。各動機にどの程度あてはまるかを「4　あてはまる」「3　ややあてはまる」「2　あまりあてはまらない」「1　あてはまらない」の4段階の選択肢から答えてもらい、その回答の平均値を示していますので、数値が大きいほど「あてはまる」ことになります。

活動開始時期によって動機に大きな差があるとまでは言えませんが、震災以降は「収入を得るため」「新しい知識や技術、経験を得るため」「将来働く際に有利な経験を得るため」という動機が増えています。

このことから、**近年は投資的動機（NPO活動を経験や知識、技能を身につける手段として捉える）や仕事（収**

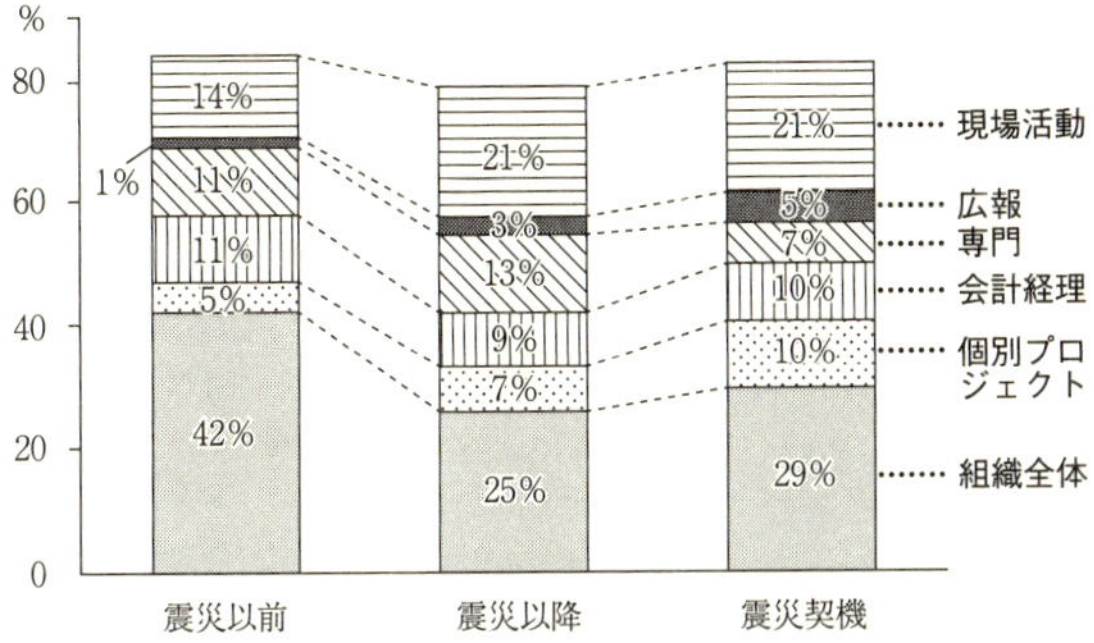

図 3-3　NPO で行っている主な活動内容。JILPT（2016）より

入を得るため）としてＮＰＯ活動を始める人は珍しくなく、ＮＰＯ活動を将来のキャリアとつなげて考えることも、ごく一般的になってきていると言えそうです。

図３―３は、現在のＮＰＯ法人で行っている活動内容のうち、主なもの一つを挙げて比較しています。「組織全体の事業計画・運営・管理」と「現場での活動」がいずれも多いのですが、震災以前に比べると、震災以降や震災契機はより幅広く、多種多様な活動に従事している印象を受けます。投資的動機でＮＰＯ活動を始めた人が、経験の幅を広げることを心掛けていることの表れかもしれません。

図３―４は、現在のＮＰＯ法人での活動を通じてあてはまる項目を比較しています。これも図３―２

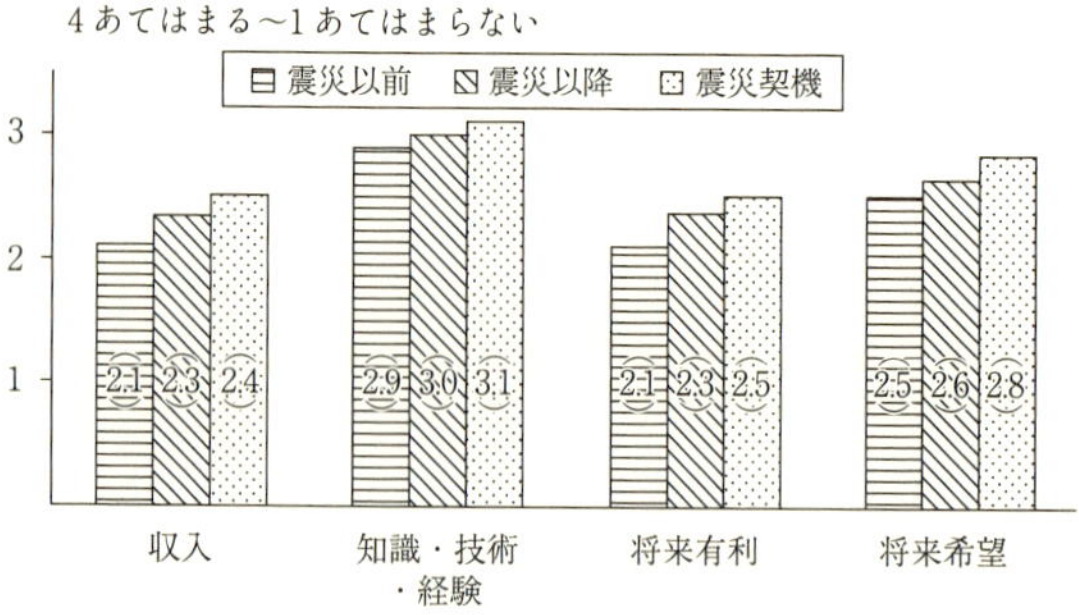

図3-4　NPO活動を通じてあてはまる項目。JILPT（2016）より

と同様、各項目にどの程度あてはまるかを「4　あてはまる」「3　ややあてはまる」「2　あまりあてはまらない」「1　あてはまらない」の4段階の選択肢から答えてもらい、その回答の平均値を示していますので、数値が大きいほど「あてはまる」ことになります。

震災以降と震災契機で共通して震災以前より肯定的な回答（［やや］あてはまる）が得られているのは、「生活に必要な収入が得られている」「新しい知識や技術、経験が身についている」「将来のキャリアに有利な経験が得られている」「将来へ希望が持てる」でした。投資的動機はおおむね満たされているようです。

図3―5は、有給職員が3年後の働き方を展望し

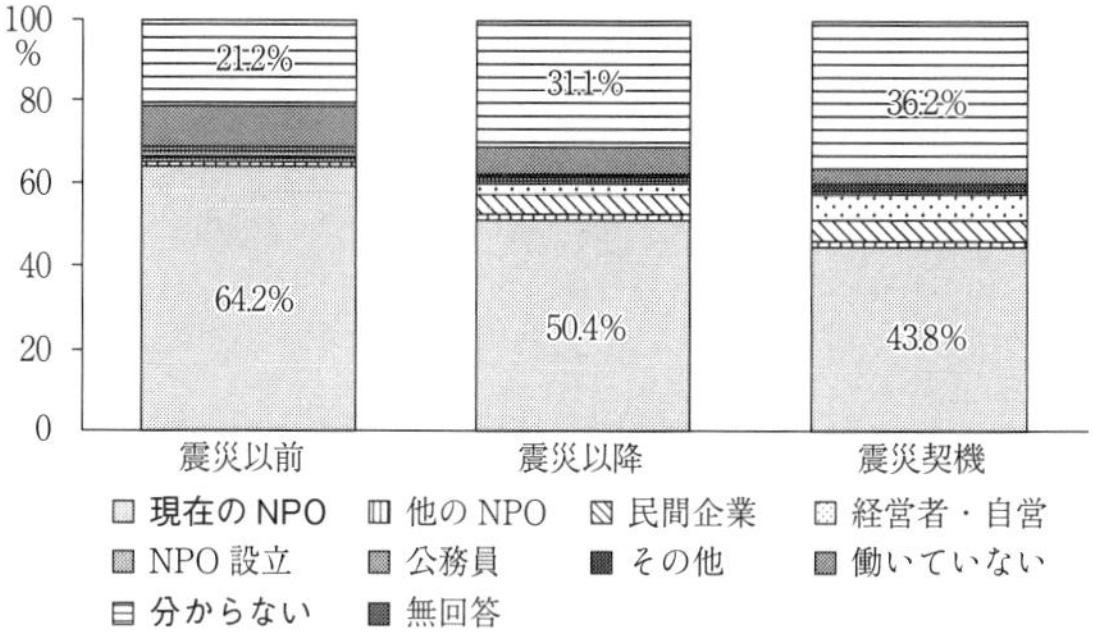

図3-5　NPOにおける有給職員の３年後の働き方についての展望。JILPT（2016）より

たものを比較しています。「現在のＮＰＯ法人で継続して働いている」と「分からない」に回答が二極化しており、それぞれの占める割合は、震災以前が64・2％、21・2％、震災以降が50・4％、31・1％、震災契機が43・8％、36・2％でした。

震災以前には「働いていない（リタイア、家事に専念、学生など）」が１割ほど見られる一方で、震災契機は「民間企業で働いている」「経営者、自営業主、個人事業主（フリーランス）になる」も合わせて１割強ほど見られています。近年ＮＰＯ活動を始めた人のほうが、将来的には様々な進路を想定しているとはいえ、不確実性（分からない）も大きく、見通しが立っていないことが分かります。

東日本大震災がもたらしたもの

ここまで、東日本大震災を指標として近年NPO活動を始めた人を区分するということを試みました。もともと2014年調査が、東日本大震災復興支援活動も視野に入れて実施されたという経緯もあります。

ですが、かつて阪神淡路大震災がボランティア活動の拡大の契機となってNPO法の制定につながったように、東日本大震災もまた、私たちの価値観を根底から揺さぶり、社会に対する向き合い方を変えた出来事だったのは間違いありません。

震災復興に全力を注ぐ中で、NPOの役割や存在感がひときわ増したのは事実です。これまでNPOとかかわりがなかった人々、特に比較的若年層が、新しい感覚を携えて参入し始めていることも、前節の調査結果からはうかがえました。

近年、若者の社会貢献意識が高まっているということは随所で指摘されています。よく引用される調査として、厚生労働省が2013年3月に実施した「若者の意識に関する調査」があります。15～39歳の若者3133人のうち、「社会のために役立つことをしたい」と思いますかという問いに、「(どちらかといえば) そう思う」と答えた人は8

割に達しています。

リクルートワークス研究所の豊田義博さんの「若手の社会貢献意識の底流を探る」という論考（Works Review、Vol.10、２０１５年）では、「今の若手は、社会貢献意識を持ちながら、それを発揮する場を獲得していない」として、「自らを強く動機づけてくれるような社会課題との出会い」が、普段の仕事を通じて得られにくくなっていることを危惧《きぐ》しています。

そういう意味では、東日本大震災の被災地に、多くの企業が企業ぐるみで支援に入り、息の長い活動を展開したのも大きかったと思います。それらの活動を通じて、日常業務にはない刺激を受け、足元を見直すことになった人もいたでしょう。

今の仕事と社会とのつながりを再認識するだけでなく、自らの持つ知識や技能を別の形で社会に活《い》かす機会になった人もいたかもしれません。専門知識や技能を活かしてボランティアで行う社会貢献活動を、「公益のために」という pro bono publico を略してプロボノ活動と呼びますが、東日本大震災と時機を同じくして日本で広がりを見せたことは、決して偶然ではないと思います。

東日本大震災は、ＮＰＯにとっても、私たちが自分の人生やキャリアを考える上でも、看過することのできない重要な何かをもたらしたような気がします。社会が行き詰まり、閉塞感《へいそくかん》に満たされ、多様な人の多様な社会とのかかわり方や生活の仕方をどう実現していくかということが問われる中で、それぞれの立場で一気に背中を押されたような出来事でした。

東日本大震災によってもたらされた新たな流れが、このまま定着して大河に発展していくのか、今はまだ見通しは立ちませんが、期待を込めてこれからも見守っていきたいと思います。

キャリアの選択肢としてＮＰＯは「あり」なのか？

本章のテーマは、これから社会に出ようとする若者を対象に、キャリアの選択肢としてＮＰＯが「あり」なのかどうかを徹底的に検討することでした。「あり」なのか？という問いかけをするまでもなく、**「あり」と判断している人は結構いる、というところまで現実はすでに進んでいます。**そして、その「あり」の形にも、やはりいろいろあるということです。

まず、そういう「道」があることを、誰もが学校教育を通じて知る機会に恵まれています。実際に活動に触れてみて、その内実を理解することができれば、自分にとって道になり得るかどうかの判断にもつながります。もはや「NPOって得体が知れない」という段階ではありません。

前章の最後にNPOの強みと弱みを列記しましたが、**それらを理解した上で、弱みをカバーしつつ強みを活かしながら、自らのキャリアにうまく取り入れる若者が出始めていることが、**２０１４年調査のデータからも確認することができました。

そもそもイメージ先行で道を選択するのにリスクがあるのは、どのような道を選択するにせよ同じです。**ＮＰＯという「道」を選ぶにあたっても、求められる知識や技能、専門性の見極めや蓄積は不可欠ですし、活動を継続させるためには、ヒト・モノ・カネをいかに確保し、運営を安定させるかという点に腐心しなければなりません。**

それは、企業の経営と同様、そう簡単なことではありません。「社会のために役立つことをしている」という自負や満足を超えて、ビジネスへの移行や、自らの転身、転職などを常に視野に入れておく必要もあるでしょう。

NPOではありませんが、社会起業家として被災地の宮城県気仙沼《けせんぬま》市で手編みニットの会社を立ち上げた御手洗瑞子《みたらいたまこ》さん（気仙沼ニッティング社長）は、新聞のインタビューで「自らの足元で具体的な行動を起こす。選択肢が示されるのを受け身で待つのではなく自ら切り開く。そうすれば楽しく生き、誰かの役に立つこともできます。人生の責任者は自分自身なんですから」と語っています（朝日新聞2016年1月7日付朝刊）。

能動的に創《つく》り出すキャリアの選択肢に、NPOが何らかのかかわりを持つ可能性は、今後ますます高まりそうです。キャリアもまた、お仕着せの「この道しかない」という選択肢を受け入れることから卒業して、アクティブラーニングで自ら切り開いていく時代が到来したと言えるのかもしれません。

第4章

〈女性・男性〉ワークライフバランスとNPO

性別くくりがはびこる社会

「はじめに」では、「NPOはまさしく女性が主役のフィールドでした」と書きました。本章では、そのことについて詳しく述べていくわけですが、私たちは日頃「女性が……」「男性が……」と性別を軸に物事を読み解いていくことに慣れっこになっています。しかし、この性別くくりに何か引っ掛かるものを感じませんか？

第1章で紹介したように、性別役割分業をはじめ従来の日本型雇用システムでは、男女で社会における立ち位置が違い、男女差別や男女格差などの問題が根深く残っています。それでも昨今は、男女共に社会で活躍できる環境が徐々に整えられ、差別や格差の問題も、より個別の男性同士や女性同士の違いにまで目が向けられるようになってきました。

加えて、LGBT（性的少数者）という言葉の認知や理解も進み、実態も知られるようになるにつれて、物事を性別でくくって読み解いていくことへの違和感は膨らむ一方のような気がしています。性別くくりは分かりやすく、根強い需要と必然性はありながら、弊害も大きくなっているというのが現状でしょう。

とはいえ、今なお重宝される性別くくりの議論の代表的なものに、アベノミクスにおける女性政策が挙げられます。「一億総活躍社会」は性別に関係のない標語ですが、「すべての女性が輝く社会づくり」は、明確に女性をターゲットにしており、現状では**「すべての女性が輝いているわけではない」という問題意識をあらわにしています。**

本当に女性は輝いていないのか?

では、一体何が問題で、どのような政策が試みられているのでしょうか。ざっと見てみることにしましょう。

第1章のおさらいになりますが、女子が「どうせ家庭に入るんだから、そこまで勉強しなくても」と思われていた時代は過去のものとなりました。文部科学省「学校基本調査」の2016年度速報値では、大学学部の女子学生数は前年度より1万4070人増しの114万1442人、その占める割合も前年度より0・4ポイント上昇の44・5%となっており、いずれも過去最高を更新しています。

また、大学等進学率で見ても、男子が52・4%であるのに対して、女子は57・3%と男子を5ポイントほど上回っており、学ぶ分野に性別による偏りがないとは言えませんが、**社会に出て働く上で土台となる基礎学力に、もはや性差はないと見なしていいと**思います。

制度面でも、男女雇用機会均等法が1985年に制定されており、「均等法世代」（均等法施行後に企業で基幹的業務を行うべく就職した人々）という言葉も生まれました。その後何度かの改正を繰り返すことで、**時代に合わせて雇用の分野における男女の均等な機会や待遇を確保できるように充実化が図られています。**

最近では、2016年4月に女性活躍推進法が施行されました。10年間の時限立法で、かつ従業員301人以上の企業等に限られますが、女性の活躍推進に向けた数値目標を盛り込んだ行動計画の策定・公表や、女性の職業選択に資する情報の公表が義務づけられました。女性の活躍を数値で「見える化」することの効果が期待されています。

どうして女性が輝いていない社会になったのか？

これらの変化によって、個人が持てる力を性別にかかわりなく発揮し、評価される世の中に近づいたかのように見えますが、実はそうでもありません。企業が本音のところで「フルで働き続けられるグローバル人材」を求めている事実に変わりはないからです。その傾向は、グローバル競争の激化によって、一層顕著になってきています。

企業としては、性別くくりで男女どちらが「フルに働き続けられるグローバル人材」に近いかと問われれば、やはり男性という判断になるでしょう。**女性のほうが結婚、出産、育児、介護などによって仕事に支障が出る可能性が高いことを、過去の経験から学んでいるからです。**これを「統計的差別」と呼んでいます。

したがって、**より効率的に業務を進めるために、目に見える差別はなくても、暗黙のうちに男性を優遇する仕組みが作られたり、処遇がなされたりすることは珍しくありません。**その結果、実力もやる気もある女性が性別でひとくくりにされ、人材としてきちんと育てられない、責任を与えられない、経験を積めないということが起こります。出世も、出世に伴う昇給も見込めません。これが男女間賃金格差をもたらす一つの要因です。

実際、「フルで働き続けられるグローバル人材」は、時差のある海外とのやり取りであっても即座に対応することが求められるので、どうしても長時間労働になります。出張や転勤も日常的にあるでしょう。生活を犠牲にするどころか、誰かに生活を支えてもらわなければできない話です。

図4―1は、JILPT（労働政策研究・研修機構）『データブック国際労働比較2016』を用いて、2014年の就業者1人当たり平均年間総実労働時間と長時間（週49時間以上）労働者の割合をOECD（経済協力開発機構）加盟の6カ国で比較しています。

日本は長時間労働の国と言われますが、確かに日本、韓国といった東アジア諸国、アメリカ（アングロサクソン）、イタリア（南欧）は労働時間が長く、スウェーデン（北欧）、ドイツ（大陸ヨーロッパ）は短めです。さらに日本と韓国は、長時間労働者の割合も高く、図にはありませんが、男性に限れば日本も3割が長時間労働者に該当します。

家事や育児、介護などの家庭責任を果たそうと思えば、仕事はある程度セーブせざる

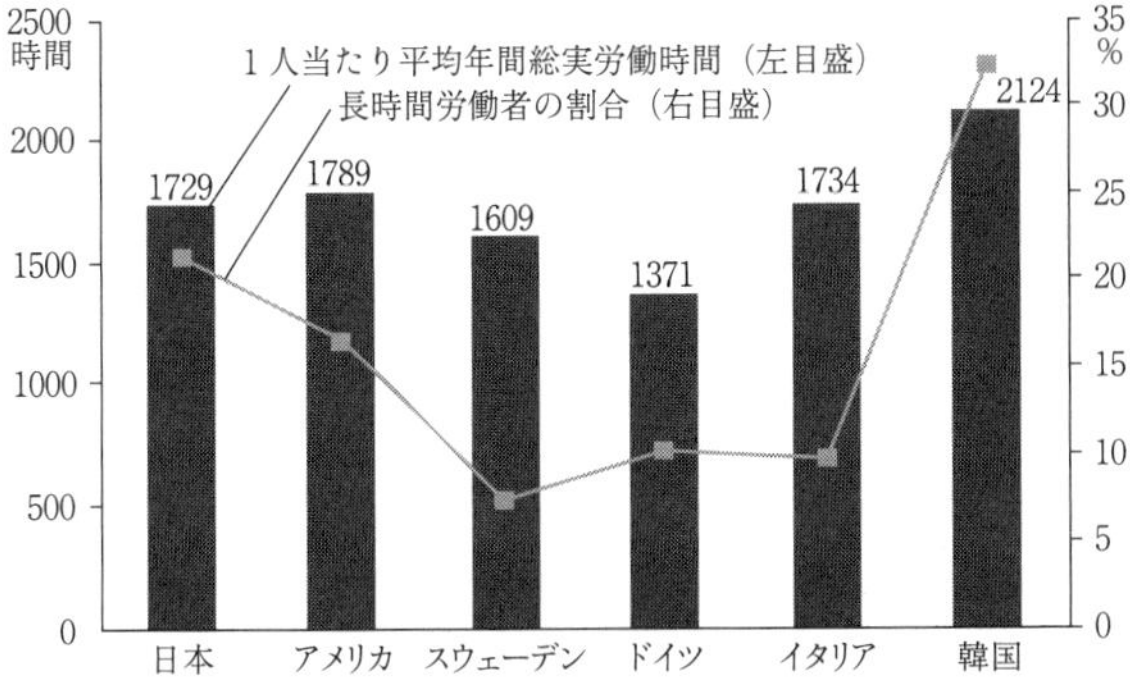

図 4-1　1人当たり平均年間総実労働時間と長時間労働者の割合（2014年）。JILPT『データブック国際労働比較2016』より

を得ません。それは、性別くくりで言うならば、これまでの経緯から明らかに男性よりも女性に突きつけられる問題です。女性の社会進出が著しいと言われる割には、第1子出産を機に有職女性の6割が離職する実態は、男女雇用機会均等法が制定されてから25年近く全く変化がありませんでした。

ただし、その間にも育児休業の利用は増え続け、国立社会保障・人口問題研究所が2015年に実施した「第15回出生動向基本調査（結婚と出産に関する全国調査）」によると、第1子出産を機に離職した有職女性は46・9％に減少し、就業を継続した53・1％の有職女性の育児休業利用率は73・9％に達しています。

それに対して、男性の育児休業の利用率は、厚生労働省「平成27年度雇用均等基本調査」によると2・65％と今なお底辺をさまよっており、それでも1996年度の調査開始以来、最高の利用率ということでした。この性差の大きさには、やはり愕然《がくぜん》とします。

政府の言う「女性が輝く社会」の視野の狭さ

図4―2は、同じくJILPT『データブック国際労働比較2016』を用いて、女性の働き方を6カ国で比較しています。年齢階級別に2014年の女性の労働力率（15歳以上人口に占める就業者と完全失業者の割合）を描いていくと、日本や韓国は20～30代にかけて落ち込むM字型になっていることが分かります。日本では、1975年に比べて2014年には落ち込みがましになっていますが、このような特徴（M字型カーブ）は、他国ではあまり見られません。

各国における男女格差を測る指標として、世界経済フォーラムの「ジェンダー・ギャップ指数」が毎年注目を集めますが、日本は2016年で144カ国中111位と低迷

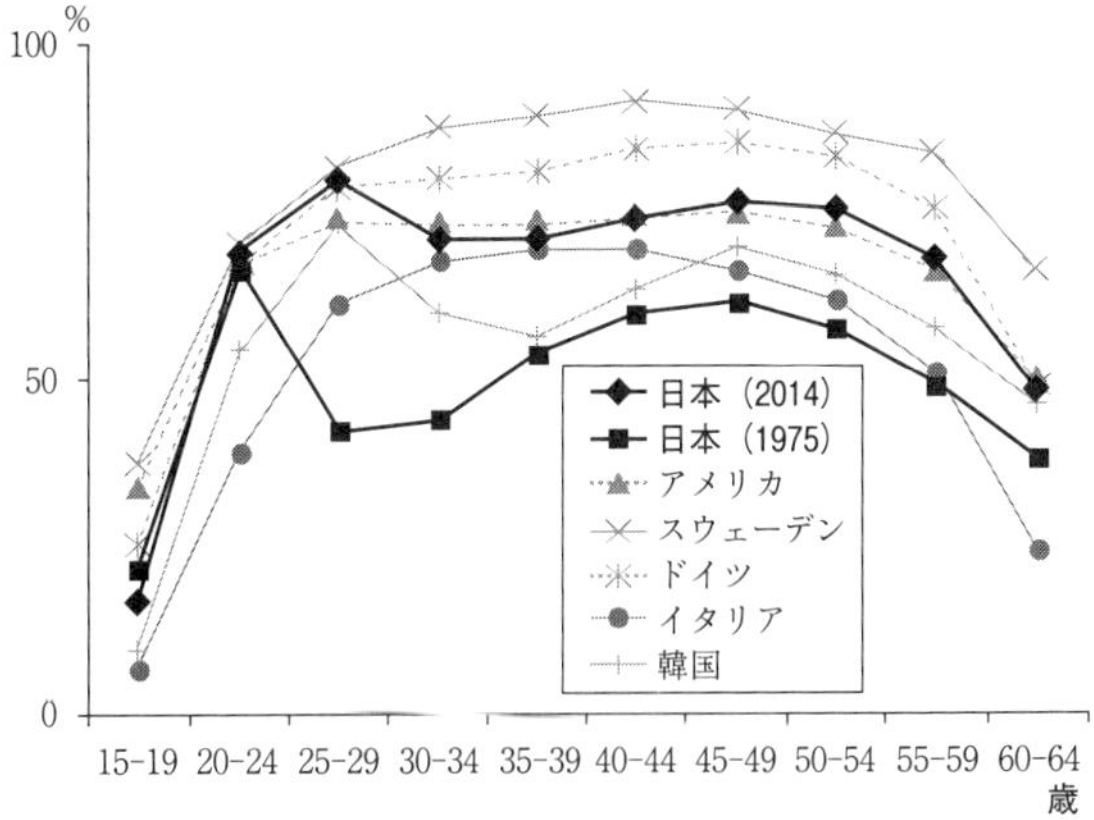

図 4-2　女性の労働力率（年齢別）（2014 年）。JILPT『データブック国際労働比較 2016』より

しています。韓国も同様に116位と低迷しています。特に日本は、国会議員や企業の管理職など、組織の意思決定ができる要職に女性が少ないことがネックになっています。

それも、生活の変化に伴って20～30代でキャリアが一時中断し、その後復帰したとしても非正規労働者に移行する例が多く、正社員として要職につながるステップを上がれないという事情があるためです。

ゆえに政府としては、保育所の整備や育児休業の拡大を通じて家庭責任の負担を軽くする、あるいは企業に女性管理職を増やすよう要請し、2020年までに指導的地位に占める女性の割合を30％にする、などの施策を打ち出すことになるわけです。

負担のしわ寄せがどうしても女性に表れるので「女性の問題」にされがちですが、裏を返せば男性も同じ問題を抱えています。政府の施策が、双方にとって根本的な解決につながるかどうかは疑問です。

なぜなら、「フルで働き続けられるグローバル人材」であると同時に家庭責任もしっかり果たしましょうというのは、いくら保育所が整備されようと無茶な要求だからです。しかも、近年はその圧力が、女性に対してだけでなく、「イクメン」という標語によって男性にも向けられています。

社会でもフルに活躍、家庭生活も充実、というスーパーマン、スーパーウーマンを目指すよう過剰な期待がかけられるばかりで、性別にかかわりなく、働き方そのものを見直していこうという流れは、まだまだ弱いのが実情です。

人生いろいろ、女性もいろいろ……働き方はもっといろいろ！

果たして、これですべての女性が輝けるでしょうか？　女性をひとくくりにしていることの弊害が、ここにも表れています。家庭を持って働く女性のことばかりが取り沙汰されていて、仕事に打ち込んでいる女性や職に就くこと自体に困難を抱えている女性、生活を第一に考えたい女性のことは表立って顧《かえり》みられていません。

家庭を持って働く女性の中にも、キャリアアップを目指す人もいれば、生活優先で働きたい人もいるでしょう。「女性ならばこういう服が着たいはず」という政府の想定に、そんな服は着られない、似合わない、自分には関係ない……と疎外感を抱いている女性は案外多いのではないでしょうか。

もう一つ、女性が輝く場所として職場しか想定されていないように見えることも気がかりです。「女性ならばこういう服が着たいはず」というよりは、「女性にはこういう服を着せたい！」という、文字通りの「お仕着せ」が見え隠れしています。

確かに、低成長時代に突入した日本の行く末を考えれば、女性の就業促進が鍵を握っているのは事実ですが、それにしてもちょっと窮屈です。**男性に比べれば、女性は職場でチャンスを与えられなかった分、別の場所で輝いてきた実績があります。**その経緯や蓄積を、働き方そのものの見直しに有効活用しないのは、実にもったいないと思うのです。

働き方そのものを見直していこうという流れが、皆無なわけではもちろんありません。代表的な標語である「ワークライフバランス」は、すっかり馴染《なじ》みのある言葉として定着しています。

内閣府のウェブサイトでは、2007年に策定された仕事と生活の調和（ワーク・ライフ・バランス）憲章が掲げられ、仕事と生活の調和が実現した社会では、「国民一人ひとりがやりがいや充実感を感じながら働き、仕事上の責任を果たすとともに、家庭や地域生活などにおいても、子育て期、中高年期といった人生の各段階に応じて多様な生き方が選択・実現できる」としています。

「ワークライフバランス」はまゆつばもの

ワークライフバランスは、理解が難しい言葉では全くありませんが、自分の置かれている状況によって受け止め方がかなり違ってくるような気がします。私は何となく「もっと休め」と言われているような気分になりますし、逆に「もっと働け」と言われているような気分になる人もいるでしょう。

哲学者で京都市立芸術大学学長の鷲田《わしだ》清一《きよかず》さんは、朝日新聞の「折々のことば」でワークライフバランスについて次のように解説されていました（2016年8月13日付朝刊）。

「これがもし、仕事という公的活動と家族との私的生活とをうまく両立せよという意味なら、言われたくない。一企業の利益のためになすワークもまた私的であり、結局この標語は私的なものに専念せよと人に告げるだけだから。逆に、一市民としての活動に従事するかぎり個人のライフも公的である。そういう公的活動に個人としてもっと時間を割こうという意味なら、聞ける。」

なるほど、そういう捉え方をされているんだなと、とても新鮮でした。しかし、鷲田さんが懸念されているように、**この言葉は仕事と生活を二項対立させて、その両立を目指すという意味合いで使われることがほとんどです。**

次に紹介する事例は、まさに個人のライフを公的活動に結びつけ、ワークにまで発展させた女性たちの姿であり、鷲田さんの言うワークライフバランスの目指すところに先駆的に到達した事例であると言えるかもしれません。

なぜNPOには高学歴の女性が多いのか？

物事を深く掘り下げる出発点になるのが「問題意識」です。探究のネタは、実はそこらじゅうに落ちていて、それをキャッチするためには、自らのアンテナの感度を高めておかなければなりません。同じものを見ても何も響かない人と、あれっ？　と思える人とでは、その先が随分と違ったものになってきます。

私たちの研究グループがNPOをテーマとして取り上げようとしていた頃、メンバーの一人が発した問題意識が、「どうしてNPOには高学歴の女性が多いんだろう？」ということでした。現場に全く縁がなかった私にとっては、へ～そうなの？　という感じです。

当時は平成不況の真っ只中でしたが、それを差し引いても、どこの企業でもやっていけそうな高学歴で有能な女性が、低賃金に甘んじてNPOで働いているというのは奇妙でした。今では、意識の高い有能な男性が率先してNPOに参入する傾向もありますので、社会における男女の立ち位置の違いが、このような参入の時間的なズレをもたらしたのだろうと理解できます。

現場を知るにつれて気づいたのは、女性のカリスマ創立者が沢山いるということです。NPO法が制定される前から地道に活動に取り組んできた第一世代ともいうべき創立者(理事長)は、パワフルで非常に魅力的な女性たちばかりです。そして、年齢を重ねてもなお現役で、先頭に立って活動し、後進を育てているのです。

「最先端」の地域にいたのは女性だった――カリスマ創立者の事例①

「はじめに」で紹介した「日本NPO学会」で「Gateway To NPO――キャリアの選択肢として」という公開シンポジウムを企画した際、先駆者として歩んでこられた第一世代の方のお話をどうしてもうかがいたいと思いました。女性でこれだけ息長く、社会に影響を与え続ける活動を展開できた原動力がどこにあるのかが知りたかったからです。

実際に登壇していただいたのは、島根県の認定NPO法人「緑と水の連絡会議」理事長の高橋泰子《たかはしやすこ》さんです。「緑と水の連絡会議」は、1992年に設立された環境NPO

ですが、他に地場産業、人材育成、コミュニティ再編、まちづくり、教育・福祉などの活動も手掛けており、まさに地域の困りごとを一手に引き受けているかのようです。

高橋さんは東北地方の出身ですが、家族の都合で島根県大田市に移り住んだ後、松枯れ対策の空中散布反対運動や、子どもを取り巻く環境を考える女性の会などに主婦としてかかわったことが、今の活動のきっかけになったそうです。

当初は、生協の環境委員会のメンバーで、特に高橋さんと同じ転勤族で知り合いの少ない主婦が調査や反対運動の中心でした。活動の過程でマスメディアへの露出が多くなり、行政との折り合いが悪くなると離脱者が相次ぎ、高橋さん自身も炭焼きで資金が得られていたこともあって、生協から独立し、地元の主婦と共に地域に根づいた活動に軸足を移していったそうです。

炭焼きや炭窯《すみがま》マップの作成を通じて、より地域を知ることになった高橋さんは、地元の三瓶山《さんべさん》の草原の価値に気づき、1997年に島根県大田市で開催した「第2回全国草原シンポジウム・サミット」の実行委員長を務めるまでに至りました。これをきっかけに、男性や研究者の活動参加が始まったと言います。

同時に、行政との協働が一段と進み、「任意団体のままでは協働しにくい」と指摘されたことから、2003年に法人格を取得してNPO法人となり、2006年には中四国地方初の認定NPO法人となりました。法人化の助けになったのは、Uターンで戻ってきた経理を専門とする現在の事務局長だったそうです。

ちなみに認定NPO法人は、仮認定も含めて全国で1000団体弱しかありません。広く市民からの支援を受けているかどうかを判断するための基準（パブリック・サポート・テスト）を満たしていることなどが要件となり、認定されれば税制上の優遇措置を受けられます。そうなれば、寄付などが集めやすくなるのです。

高橋さんの発言の中に、「地域が最先端」という言葉がありました。そして「あらゆる」というキーワードも多用されていて、あらゆる年代、あらゆる分野を網羅する仲間と共に、あらゆる問題に対して、あらゆる方策を用いて立ち向かい、全国に発信していくという非常に前向きな姿勢を示されていました。

セオリー通りではなく、やれることは何でもやって活動を続けていくんだというスタンスにNPOらしさを強く感じます。活動が充実してくれれば、それを頼りにする人々も増えてきます。そういう人々に対する責任が生じるのは企業でもＮＰＯでも同じこと。財政面に不安を抱えるＮＰＯだからこそ、「やり続けること」が大きな課題になってきます。

高橋さんは、長い時間をかけて今の態勢を作り上げてきました。その間、様々なライフイベントもあったでしょうし、活動のペースにも波があったのではないかと思います。その都度、周囲と協力しながら乗り越えてくることで、これだけの実力を蓄え、より一層期待に応えられる存在にまで成長したと言えるでしょう。

実際、「緑と水の連絡会議」では、家族ぐるみ、子ども連れでの活動参加が多いそうです。地元企業の社長さんが、自社の従業員やその家族も巻き込んで参加することもよくある話で、人づてに活動が広がり、深まりを見せています。

他にも、「ＮＰＯに固執せず起業を視野に入れた事業展開、そして、上手な世代交代」というメッセージもありました。親に連れられて活動に参加してきた子どもたちが、成長するにつれて貴重な戦力になっているそうです。その結果、現在のコアスタッフ５人は、60代の高橋さんを筆頭に、20〜50代までバランスよく揃《そろ》っていると言います。

実績のある認定NPO法人の場を借りて、大勢の行政職員や国内外のボランティア、若者たちが学んでいます。どういう人材が巣立ち、「緑と水の連絡会議」の活動がどういう形で展開し、引き継がれていくのか、この先も注目していきたいと思っています。

主婦の問題意識から全国レベルの活動へ――カリスマ創立者の事例②

高橋さんの他にもう一人、登壇のお願いをした方がいました。滋賀県のNPO法人「菜の花プロジェクトネットワーク」代表の藤井《ふじい》絢子《あやこ》さんです。

「菜の花プロジェクトネットワーク」も環境NPOですが、その活動を詳しく知ったのは、マスメディアを通じてでした。中心となる「菜の花プロジェクト」では、転作田に菜の花を植えて菜種《なたね》を収穫し、搾油した菜種油は家庭での料理や学校給食に、搾油時に出た油かすは肥料や飼料として使います。さらに廃食油は回収し、せっけんや軽油代替燃料にリサイクルするという地域内で完結する資源循環サイクルの確立を目指していきます。

NPO法人になったのは2006年ですが、藤井さんは1970年代から琵琶《びわ》湖の水環境を再生させるための「せっけん運動」に取り組み、そこから1990年代に環境生協を立ち上げて「菜の花プロジェクト」を発足させました。今や滋賀県のみならず、東日本大震災の被災地支援を含めて全国、さらには韓国や中国、モンゴルなど海外へと広がりを見せています。

藤井さんを特集した朝日新聞の「フロントランナー」（2011年3月26日付朝刊）では、「一人の主婦が先頭になって始めた運動が、今や国レベルの動きとなった」と紹介されています。藤井さん自身も、「結婚してすぐ滋賀県に来たときは高校の歴史の教師になろうと思ったけど、口がなかった。先生になりそこねたんです。そこで生協運動に飛びつきました」と語っています。

藤井さんも高橋さんと同様、見知らぬ土地での生協活動からのスタートですが、それに加えて近所の専業主婦同士の助け合いや自宅での子ども対象の音楽教室、守山市立図書館の開館準備委員、守山児童図書研究会の設立などの多彩な活動を通じて、人の輪が広がっていったことは容易に想像できます。

高橋さん、藤井さんに共通するのは、仕事ではなく主婦としての生活の延長線上にN

PO活動があったということです。日常の暮らしを大切にすることが、社会のニーズに対する鋭敏な感覚を培い、紆余《うよ》曲折を経て自らの役割や居場所を見出し、周囲を巻き込んだ活動のうねりを創《つく》り出していきました。その影響力の大きさと世の中を俯瞰《ふかん》する視野の広さは、「NPO活動だからできること」に思いを馳《は》せる上で注目に値します。

また、次章の内容とも関係するのですが、高橋さん、藤井さん共に「普通に働く」からリタイアする年齢を迎えてもなお良き仲間に囲まれ、第一線で新たな活動にチャレンジしています。自分が60代、70代になった時に、こういう充実した日々が送れるだろうか、送れればいいなと思わずにはいられません。

そういう意味でも「年代を超えた仲間」というのが、私が知りたかった「原動力がどこにあるのか」の答えの一つではないかと思います。「この指とまれ」で集まってきた志を同じくする仲間、人と人とのつながり、ネットワークは、企業にはないNPOならではの強みであり、NPOならではの大きな力を生み出す源泉になっているのではないでしょうか。

「年代を超えた仲間」に明らかな上下関係はありません。営利追求のために組織の都合が優先されることもなく、皆で力を合わせて自分のやりたいことと世の中のニーズとを重ね合わせ、実現に向けて努力し、その成果を直接受け止めることができる喜びは、何物にも代えがたいような気がします。

「そうだったらいいのにな」を形にできるのがNPO

高橋さん、藤井さんのような女性は、NPO第一世代の先駆者に限らず若い世代からもどんどん生まれてきています。

2014年に滋賀県の委託事業で女性の社会参画支援のための雇用ニーズ調査を実施する際に、アドバイザーを引き受けたことがありました。事業型NPOなどを調査対象にすると聞き、**NPOが普通に雇用の場として認識されていることに驚**いた覚えがあります。そこで、女性が設立者でかつ理事長でもあるNPOにインタビュー調査をしてみては？　という提案をしました。

最終的にインタビューは30団体に対して実施されました。そのうち10団体の調査結果が、『あなたが織りなす湖国の未来――社会を変える女性十色《といろ》物語』という素敵なタイトルの冊子にまとめられています。その冊子の巻頭言として「『そうだったらいいのにな』を形にした女性達」という小文を書きました。

「そうだったらいいのにな」は、インタビュー記録を読みながら思い浮かんだ童謡からお借りしました。うちのお庭がジャングルで、子犬のタローがライオンだ……というあの歌です。皆さんも一度は耳にしたことがあるのではないでしょうか。

紹介されている10団体の活動は、不登校の子どものための寄宿制自立支援施設や民家を利用したデイサービスと託児を行う施設など生活に密着している例が多く、いかにも「女性ならでは」という感じがします。身の回りのこまごまとした困りごとや誰かの手や知恵を借りたいこと、「そうだったらいいのにな」と思うことに、行政や企業の支援やサービスが行き届いているとはとても言えません。

一つ一つは小さなニーズでも、生きていく上で切実な不便や困難に直面し、声を上げられずにいる人にいち早く気づけるのは、身近で生活を共にする人しかいないでしょう。これまでの社会のあり方では、それが性別くくりで「女性」だったというだけのことです。

そして、単に気づくだけでなく、見過ごせずに行動したことが、周囲の共感と協力を呼び起こしたのではないでしょうか。他人任せにすることなく、自らの課題として果敢に一肌脱いだ女性たちの心意気と、彼女たちが周囲にもたらしたものの豊かさに大いに励まされました。一人ひとりの歩みという視点からも、何と豊かなキャリアなのかと思います。

この10団体の中に、藤井さんの「菜の花プロジェクトネットワーク」も含まれています。冊子のインタビュー記事には、「藤井さんの活動は、『人が好き、諦《あきら》めない、こんな世界はおかしいと思う感性』が原動力。女性が輝く社会は国が作るのではなく、『自分たちで輝きましょう』と言われているようです」とあります。女性が輝いてきたNPOという「道」は、もはや女性の専売特許ではありません。

輝ける場所は企業の外にもある

本章の前半で、女性が輝いていないとされる理由を考えました。それは「女性が企業で輝いていない」とされる理由であり、その実態を受けてアベノミクスでは企業で輝くための政策を次々と打ち出しています。

それはそれで重要なことです。実力もやる気もある女性が真っ当に評価されることも、要職に就けることも、家庭責任との両立ができるような働き方が選べることも、その選択によって将来が閉ざされないことも、いずれも当たり前にそうあってほしい、そうあるべきと願うことばかりです。

これらはあくまでも「普通に働く」のバリエーションです。古びた「普通に働く」の枠《わく》をはめたまま、その中で不具合だけを何とかしようと躍起になっているかのようです。さしずめ、サイズが合わなくなった服を「お直し」して無理やり体を入れようとするようなものでしょうか。そう簡単に「普通に働く」を捨て切れない政府や企業は、破れる寸前まであの手この手の「お直し」を模索しています。

しかし、サイズの合わない服を直して着るのにも限度があるように、企業で輝くことだけを目指すのでは限界があります。それは女性に限ったことではなく、男性も同じです。

にもかかわらず、企業で輝くことにこだわり続けるならば、それがうまくいかなかった時はすべて「キャリアの挫折」になり、「何とか回避しなければならないこと」になります。**そのこだわりさえ捨てることができれば、「キャリアの挫折」は一転して「新たなキャリアの展開」になり、むしろ「歓迎したいこと」になります。**考え方一つでピンチがチャンス、180度違った受け止め方になり得るのです。

より魅力的な「社会との接点」を求めて

「はじめに」で、多くの人にとって生きる上で欠かせない要素として「生計を立てる」「社会との接点」の二つを挙げました。「普通に働く」は、言うまでもなくこれらの要素をクリアしていますが、女性が輝いてきたNPOという「道」はどうでしょうか?

先述の高橋さん、藤井さんの活動は、主婦からの出発でした。「生計を立てる」に関しては、夫の収入に支えられる部分が大きかったのではないかと思われます。そういう条件に恵まれていたからこそ、活動に打ち込むことができ、今の充実した団体を作り上げられたということは、むしろ積極的に評価してもいいのではないでしょうか。

キャリアの選択肢は、常に二つの要素をクリアしていなければならないということではありません。常に誰もが選べるものである必要もないと思います。自分にそれだけの才覚があり、いくつかの条件や支援態勢が整っていなければ選べないけれど、それらを踏み台にして活動が軌道に乗れば、自ずと「生計を立てる」もクリアできるようになります。

そこから、さらに多くの人が輝けるように場所を提供するのもよし。また別の「道」を見つけてステップアップするのもよし。ただただ活動を楽しむのもよし。「普通に働く」に比べて「少し不安定だけれど、誰かがやる必要があって、もしかしたら大化けするかもしれないこと」が、もっとキャリアの選択肢として認識され、機能してもいいのではないかと思います。

こういう「社会との接点」の持ち方も素敵ではありませんか？

第5章

〈高齢者〉セカンドキャリアとNPO

「セカンドキャリア」とは

セカンドキャリアという言葉を聞いたことがありますか？　企業などを定年退職した高齢者や、結婚や出産・育児などで家庭に入った女性が、再び始める「第二の職業」のことをそう呼びます。

セカンドキャリアと言えば、私の頭の中には直ちに「スポーツ」が思い浮かびます。というのも、私が勤務する学科では、学生たちは雇用や労働、働くことについて学んでいるのですが、卒業論文などのテーマで不動の人気を誇っているのが「スポーツ選手のセカンドキャリア」だからです。

Jリーグやプロ野球などのスポーツ選手は、若い頃から肉体を酷使しているため、おおむね20代、30代で引退の時期を迎えます。カズ（三浦知良《かずよし》）やイチローのように40代でも現役選手というのは極めて稀《まれ》です。したがって、かなり早い段階からセカンドキャリアを意識し、第二の人生に踏み出さなければなりません。

スポーツ選手は、セカンドキャリアの長い代表的な職業ですが、第1章で述べたように、会社勤めであっても、今は定年に至るまでに何度もキャリアチェンジを余儀なくされる可能性が高まっています。

そう考えると、**セカンドキャリアはファーストキャリアの「普通に働く」を終えた高齢者や専業主婦になった女性、ごく少数のスポーツ選手だけの問題ではなく、もっと早い段階から誰もが意識しておくべきものになってきたと言えるでしょう。**

ファーストキャリアの充実もまだこれからという読者の皆さんにとっては、ピンとこない話かもしれませんが、「普通に働く」を実現してもしなくても、誰もが齢を重ね、就業からは距離を置く時が必ず訪れます。その手前の様々なタイミングでも、セカンドキャリア問題に向き合う人が増えてきているのは、どうやら間違いなさそうです。

変わりゆくセカンドキャリアの位置づけ

これまでは第1章で見た「普通に働く」が前提だったため、セカンドキャリア問題は、高齢者が定年後いかに移行するか、あるいは、定年後も働き続けたいけれど、それが叶《かな》わないので、仕方なく就業に代わる道や受け皿を模索する、ということしか想定されていませんでした。

もっと早い段階でのセカンドキャリアへの移行が当たり前になってくれば、セカンドキャリアでも最低限の生計は立てられなければなりませんし、その先のサードキャリア、フォースキャリアまで描くことになるかもしれません。

ファーストキャリアを終えてからセカンドキャリアに移行するというはっきりとした区切りがつくものでもなく、ファーストキャリアとセカンドキャリアを併存させて、徐々に軸足を移していくこともありそうです。

また、ファースト、セカンドと表現すると、どうしてもファーストのほうが中心で比重が大きく、セカンドは余生、おまけのイメージですが、それも絶対ではありません。ファーストキャリアで会社勤めをしてみたけれど、その後のセカンドキャリアで自分の本当にやりたかったことに出合い、それが人生の中核となる人もいるでしょう。

「普通に働く」が「普通」でなくなった今、ファーストキャリア、セカンドキャリアの位置関係もまた変わってきて当然です。そして、例えばＮＰＯ活動のように双方の選択肢として機能し始めた道を視野に入れながら、年齢にかかわらず、いつ、いかにキャリアの移行を果たすのかを考える必要に迫られているのです。

これまで何度も登場している「日本ＮＰＯ学会」の公開シンポジウム「Gateway To NPO」では、基調講演を陸上男子400メートルリレー北京五輪銅メダリストの朝原《あさはら》宣治《のぶはる》さんにお願いしました。朝原さんこそ、スポーツ選手としてのファーストキャリアを36歳で終えた後、アスリートの力による社会貢献活動をセカンドキャリアの一つとして選択され、大いに活躍されているからです。

一生に一つだけのキャリアではなく、いくつものキャリアを経験し、重ね合わせながら、自分らしい、自分だけのキャリアを創《つく》り上げていくチャンスが今、まさに訪れている。そういう風に時代を捉えてみてもいいのではないでしょうか。

年齢くくりの功罪

まずは、典型的な高齢者のセカンドキャリアへの移行から見てみましょう。前章で触れた性別くくりの他に、もう一つ、私たちがしょっちゅう行き当たるのが年齢くくりです。本書でも、すでに「若者が……」「中高年層が……」というくくり方を散々してきました。特に、若いうちは年齢が近ければ皆キャリアも経験も似通っていて、年齢くくりも有用かもしれませんが、高齢になればなるほど個人差が無視できなくなってきます。

世界保健機関（WHO）の定義では、65歳以上が高齢者とされ、日本では、65〜74歳を「前期高齢者」、75歳以上を「後期高齢者」と規定しています。65歳以上の高齢者が人口に占める割合（高齢化率）が7％を超えると「高齢化社会」、14％を超えると「高齢社会」、21％を超えると「超高齢社会」と呼びますので、2015年10月1日現在で高齢化率26・7％である日本は、まぎれもなく「超高齢社会」に突入しています。

では、65歳以上の人は皆「高齢者」でしょうか？ ちょっと変な問いかけですが、今の65歳の人が全員高齢者、お年寄り、老人、おじいちゃん、おばあちゃんと呼ばれて違和感がないかと言えば、違和感ありまくりの人のほうが多いのではないでしょうか。

75歳を過ぎても政府の要職に就いて、世界中を飛び回っている政治家もいるわけです。私が住む京都には、100歳を超えた現役の陸上スプリンターの方がいらっしゃって、毎年100メートルを完走するたびにギネス世界記録を更新されています。

要は**高齢になればなるほど年齢差ではなく、個人差のほうが大きくなる**ということです。同い年でも、片や介護が必要で、片や激務をこなす現職の大臣ということは十分にあり得ます。それを前期高齢者、後期高齢者とひとくくりにするのは、どうも無理があると思うのです。

日本の高齢化は深刻で、そのことを表現するのに「胴上げ」「騎馬戦」「肩車」というキーワードがよく使われます。1人の高齢者を1970年には「胴上げ」のように8・5人の働き手（20～64歳）で支えていたのが、2010年には「騎馬戦」（2・6人で1人を支える）になり、2050年には「肩車」（1・2人で1人を支える）になるという想定のことです。

これは非常に単純な計算で、喩《たと》えとしての意味合いが強いのですが、そこには「高齢者＝支えられる人」という位置づけがはっきりと表れています。高齢者をひとくくりにしていて、「高齢者もいろいろ」という現実が考慮されているようには思えません。

しかし、それではこの先「支えられる人」が増えるばかりで、皆が苦しくなる一方です。医療技術の発達で平均寿命も延び、ファーストキャリアをリタイアした後の人生が長くなりました。元気ならば、何かできることはないかと思うのに、年齢も性別も関係ありません。

これまでの経験を活《い》かして、できるだけ長く支える側に……そういう高齢者の望みを、今の企業社会はすくい上げられずにいます。

リタイアは何歳で？　年金は何歳から？

現在の日本で高齢者となっているのは、おおむね「普通に働く」を実現してきた人々です。「普通に働く」は定年でピリオドが打たれます。これまで多くの企業が、定年を55～60歳に設定してきました。それは、サラリーマンが加入する厚生年金の支給開始年齢が55～60歳であったことと連動しています。つまり、定年後は年金で生活できるようになっていたわけです。

ところが、少子高齢化が進展するにつれて年金財政が苦しくなり、ここ20年くらいの間に支給開始年齢を段階的に65歳に引き上げることになりました。男性は１９６１年、女性は1966年の4月2日以降に生まれた人は、全員65歳からの支給となっています。

そうなると、定年が55～60歳のままであれば、年金をもらえる65歳までの生活に困る人が出てきかねません。そこで、高年齢者雇用安定法という法律が2012年に改正され、企業は原則として希望者全員を65歳まで雇用することが義務づけられました。

今はまだ65歳ですが、この先70歳、75歳と年金の支給開始年齢も継続雇用も引き上げられる可能性は大いに残されています。

定年後も働きたい高齢者が多い

日本の高齢者の特徴として、働く意欲が高いことがつねづね指摘されています。内閣府「高齢者の生活と意識に関する国際比較調査」でもその点を確認することができます。2015年度、第8回の調査は、日本、アメリカ、ドイツ、スウェーデンの各国について、60歳以上の男女約1000人を対象に実施されました。

図5―1は、今後の就労意欲を4カ国で比較していますが、「収入の伴う仕事をしたい（続けたい）」と回答した人の割合は、日本の44・9％が最も高くなっています。そ

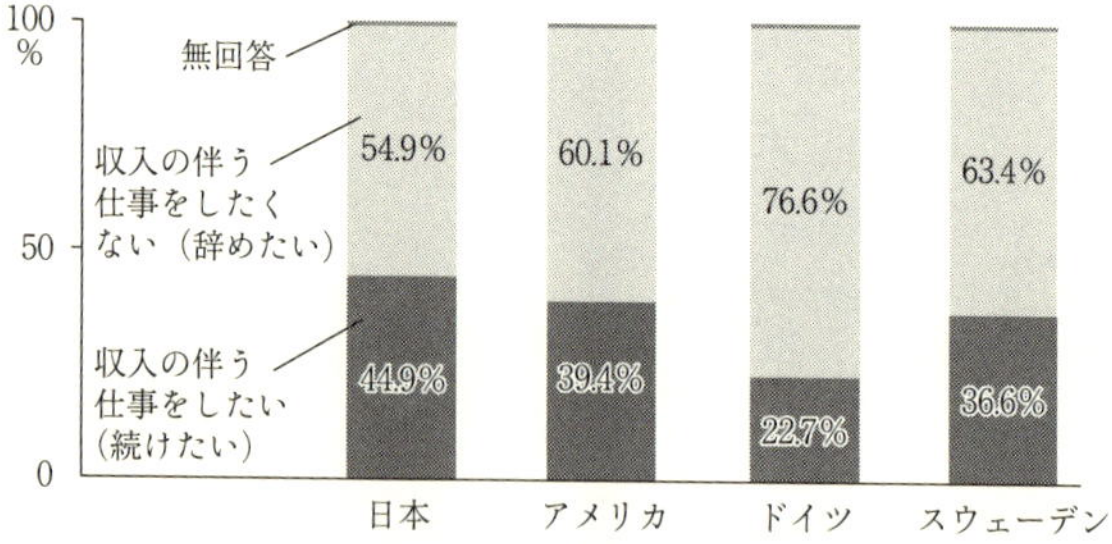

図 5-1　高齢者の就労意欲。内閣府「平成 28 年度第 8 回高齢者の生活と意識に関する国際比較調査」（2015）より

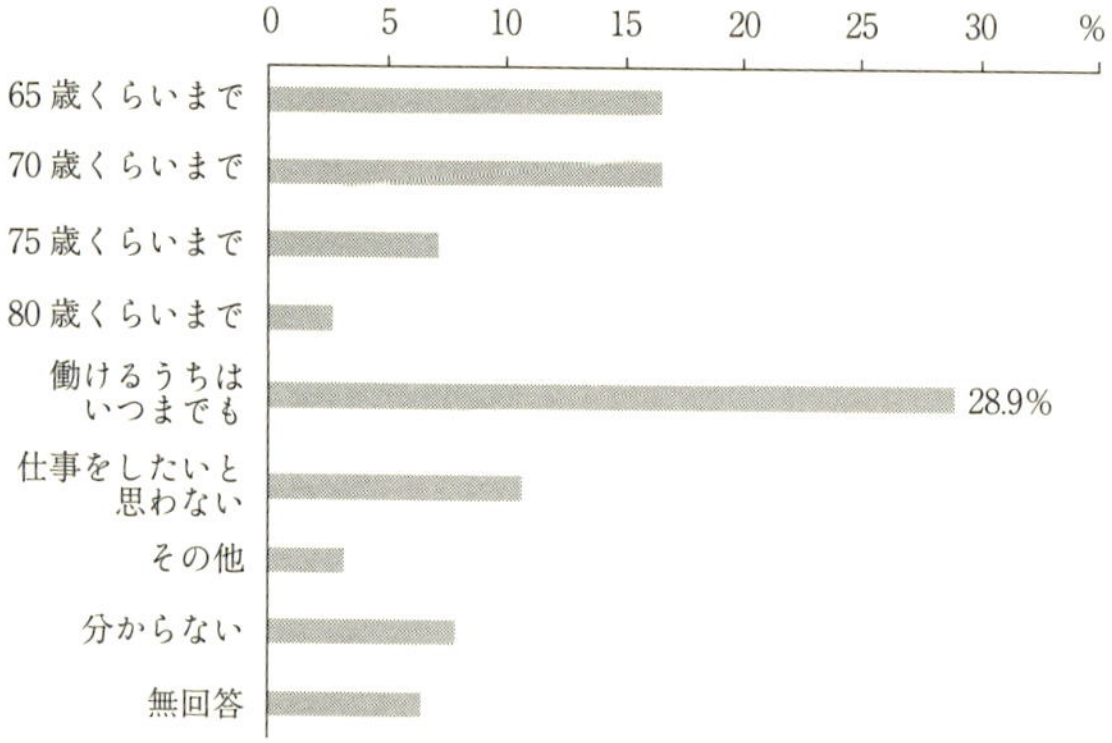

図 5-2　高齢者の就労希望年齢。内閣府「平成 26 年度高齢者の日常生活に関する意識調査」（2014）より

の理由として最も多かったのが「収入がほしいから」で、49・0％の人が回答しており、中でも「60〜64歳」では57・2％と最も高い値を示しています。

他の調査でも類似の傾向がうかがえます。同じく内閣府の「平成26年度高齢者の日常生活に関する意識調査」は、全国の60歳以上の男女6000人を対象に実施され、3893人から回答を得ています。

図5―2は、「あなたは、何歳ごろまで収入を伴う仕事をしたいですか」という問いに対する回答を示していますが、3、4人に1人は「働けるうちはいつまでも」と答えており、働けるうちは働きたいという希望が根強くあることが分かります。

だからといって、もちろん皆が希望通り働けているわけではありません。確かに、高年齢者雇用安定法の改正などにより、高齢者が働く環境は整えられつつあります。しかし、総務省統計局「平成24年就業構造基本調査」によると、男性の有業者は「55〜59歳」でほぼ9割に達しているものの、「60〜64歳」で72・7％、「65〜69歳」で49・0％まで低下します。

女性の有業者は「55〜59歳」で65・0％だったのが、「60〜64歳」で47・3％、「65〜

69歳」で29・8%まで低下し、男女共に、いずれの年齢層でも就業を希望しているのに働けていない人が1割ほど存在しています。

働きたい高齢者の受け皿は?

このように、どれだけ高齢者就業の促進が叫ばれようとも、高齢になるにつれて就業が先細りになるのは、ある程度いたし方のないことですが、では就業に代わる道や受け皿はあるのでしょうか。そして、高齢者はそこにスムースに移行できているのでしょうか。

ここでNPOのような社会貢献活動の出番です。図5―3は、前出の内閣府「高齢者の生活と意識に関する国際比較調査」から、「現在、福祉や環境を改善するなどを目的としたボランティアやその他の社会活動に参加しているか」という問いに対して、「以前には参加、今は参加していない」「全く参加したことがない」と回答した人の割合を4カ国で比較しています。

これを見ると、日本の高齢者の半数がボランティア活動とは無縁のようです。また、

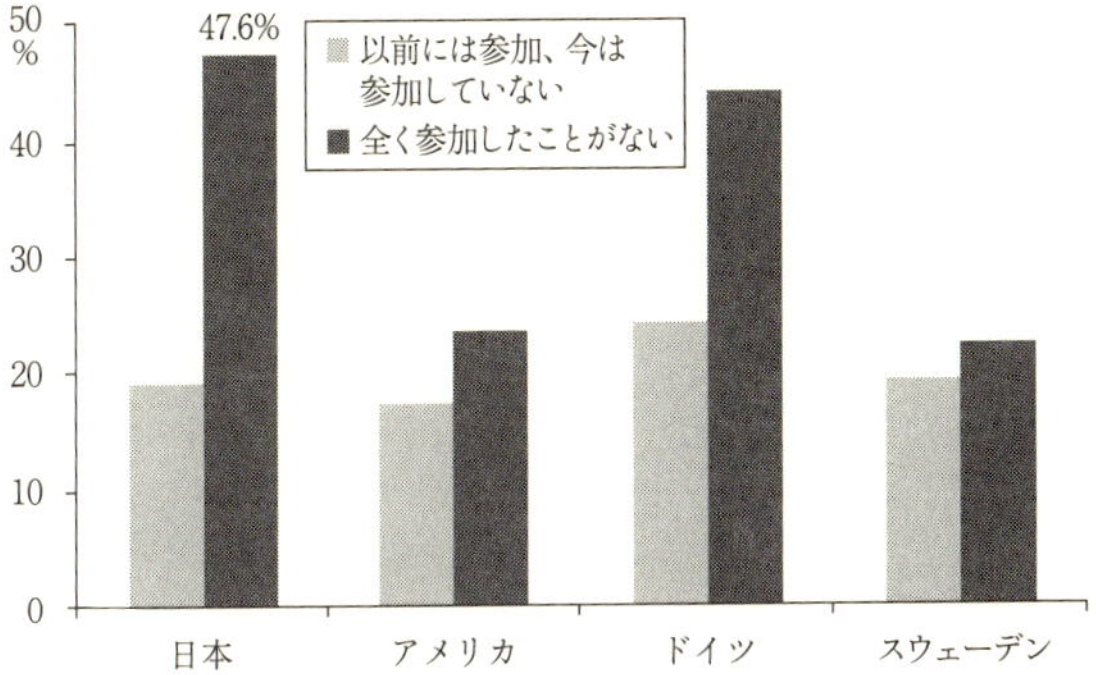

図 5-3　高齢者のボランティア活動への参加状況。内閣府（2015）より

参加している活動の中で比較的多かったのが、「地域行事、まちづくり活動」「近隣の公園や通りなどの清掃等の美化活動」といった町内会・自治会活動を思わせるような内容でした。

第2章で挙げたように、NPO法人では60代、70代のボランティアが大勢活躍しています。NPO法人をベースに見ればその通りですが、高齢者全体に視野を広げてみると、このような活動に参加している人は、まだまだ少数派であることが分かります。

近年、マスメディアでは、高齢者に関して「下流老人」「老人漂流社会」「無縁社会」「老後破産」などのショッキングなテーマを取り上げることが増えています。就業が先細り、それに代わる道や受け皿への移行も十分ではない現状が、このような事態を招いているとも言えそうです。

高齢者はお金に執着がない？

ＮＰＯをファーストキャリアとして選択したり、若者が早い段階からセカンドキャリアとして選択したりする場合は、やはり有給職員になっていくばくかの収入を得なければとても生活していけません。

それに対して、高齢者がセカンドキャリアとして社会貢献に力を尽くすとなると、当然「お金はいいから」「お金の問題じゃないから」という話になりそうですよね。退職金をもらい、長年の蓄えもあり、年金も十分にあるような高齢者はまさに悠々自適で、ありあまる時間を世の中のためになることに費やせたら……という状況では、お金の話は出てきそうにありません。

果たして本当にそうでしょうか？　これについても面白い調査結果があります。高齢者の働く意欲が高いことは先に触れましたが、それが社会貢献活動における経済面での処遇条件にも表れているのです。

第3章の冒頭で紹介したように、２００２年の「調査実習」で受講生が初めてＮＰＯを調査テーマとし、「ＮＰＯにおける高齢者の自己実現と活動促進に関する実態調査」を大阪府下のＮＰＯ法人89団体とそれらに所属する55歳以上の７４０人に対して実施しました。

回収できたのは、団体票が35団体、個人票が１４４人と十分な数ではなかったのですが、分析したところ、給与が十分でないことがＮＰＯ活動の満足度を大幅に引き下げている可能性を示唆する結果が得られたのです。

このことから、一般的にゆとりがあると思われている高齢者であっても、精神的な充足だけで満足しているわけではなく、お金の問題も無視できない要素であることが分かりました。

ましてや「ゆとりのある高齢者」ばかりでなく、できることならば働きたい、お金を稼がなければ生活が立ち行かないという高齢者も大勢います。経済面での十分な処遇条件が確保されなければ、ＮＰＯ活動を選択肢にできる人が限られてしまうことになりかねません。

セカンドキャリアならではの注意点

高齢者がセカンドキャリアとしてNPO活動を始める場合、現場を最も困惑させるのが、「普通に働く」を引きずったまま活動してしまうことです。大企業の偉いさんまで出世して、名実ともに「普通に働く」を全うした人こそややこしいというのが定説で、さらに長年「先生」と呼ばれてきたような人もややこしいらしいです。私も気をつけなければいけません。

JILPT（労働政策研究・研修機構）の『高齢者の社会貢献活動に関する研究——定量的分析と定性的分析から』という2012年の報告書（労働政策研究報告書No. 142）では、千葉県、静岡県、島根県のNPO法人にインタビューした内容がまとめられていますが、以下のような話が典型的です。

「高学歴で、もともとの身分の高いと言ったら変ですけれども、〔そこ〕にいた人は、3カ月ぐらいでほとんどやめていきますね。もたない。なぜかというと、だんだん親しくなると、まず飲んだときから出てくるんですけれども、昔話ばっかり始まるんですよね。おれはあれをやった、これをやった。インドネシアでこうした、ああした。(後略)」(「 」は原文ママ)

NPOは企業とは全く異なる組織で、企業での常識がそのまま通用するわけではありません。ファーストキャリアがいかに素晴らしくても、NPOにとっては新参者ですから、そこをはき違えては周囲に受け入れてもらえず、自分も馴染《なじ》めずに苦労します。

また、効率性や合理性の追求は、企業では利益を生み出すために当然のこととされていますが、NPOはそれも絶対ではありません。しかし、より充実した活動を展開するためには、企業から学ぶべきことも多々あるわけで、会社勤めが長い人の知識や経験を貪欲に取り入れていく姿勢が、NPOにも求められています。

この点については、地域性が見られます。以下の話にもあるように、自営などが多く、普段から地域に根づいた生活をしている地方よりも、職住が分離している都市のほうが、セカンドキャリアへの移行は困難をきたしています。

「田舎は定年がない、例えば農業の地域や漁村も暮らす場と働く場が同じで定年がないから、別に退職後なんてないんですよ。一生現役で80歳でも漁師は漁師だから。さらに、若いときからそこの地域のそれこそ溝の掃除だとか、結《ゆい》【地域の共同作業の制度】だとか、消防団とか、地域活動をもうしちゃっているから、暮らしが豊かなんです。（中略）（都市の場合は、働きながら地域での社会貢献活動をやるということが）できないから、定年後に急に地域【活動】になっちゃうから、みんな引きこもったりということは大きいですよね」（（　）は原文ママ、【　】内引用者注）

さらに、男女の差も見られます。第2章で挙げたように、有給職員は女性が優勢で、比較的若い頃から参入しているのに対して、男性は定年後、まさにセカンドキャリアからボランティアとしてマイペースでかかわる傾向にあります。そうなると、例えば次のような話が出てきます。

「〔男性が〕組織として何かをしていくのはすごく難しいです。例えば、今まで部長の言うことをわんわん聞いてきたのに、急にうちの団体に入って、やっと定年になったのに今さら【人の】言うことを聞きたくない〔というように〕」（〔　〕は原文ママ、【　】内引用者注）

できるだけ若いうちからかかわることが近道

ここで、私が手掛けた分析を一つご紹介しましょう。JILPTの2009年の「高年齢者の雇用・就業の実態に関する調査」は、55〜69歳の男女5000人を対象に実施され、3602人から回答を得ています。

この3602人を現在就業している「現役タイプ」（2170人）、不就業でも働く意欲のある「就業希望タイプ」（444人）、不就業で働く意欲もない「引退タイプ」（988人）の三つに分けました。ここでも全体の6割が実際に働いていて、さらに1割強が働くことに前向きという高い意欲が示されています。

図5―4は、社会貢献活動に対する志向性を三つのタイプで比較しています。各タイ

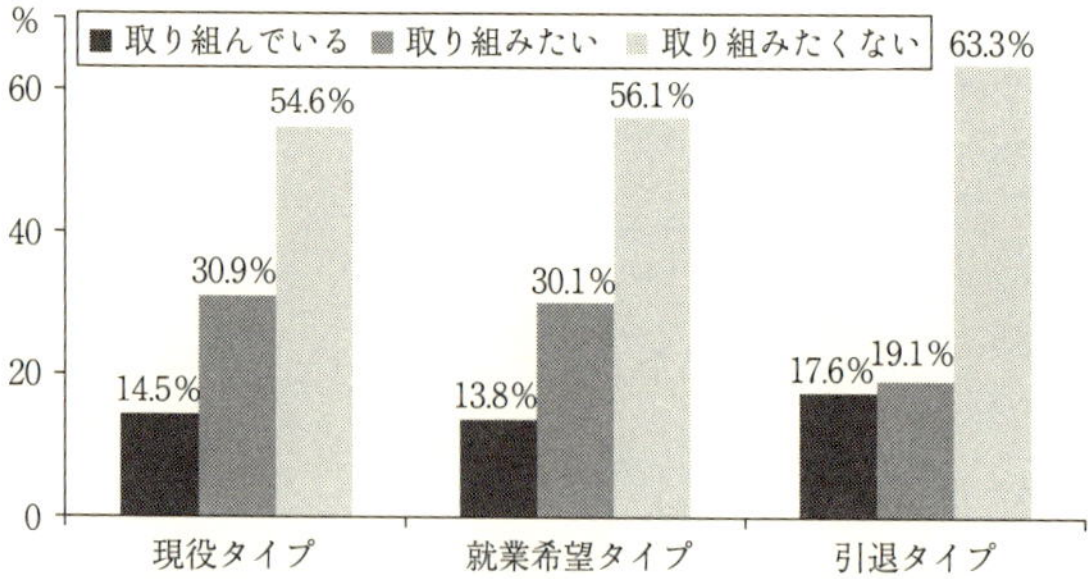

図 5-4　高齢者の社会貢献活動への志向性。JILPT『高齢者の社会貢献活動に関する研究――定量的分析と定性的分析から』(2012) より

プで平均年齢や男女比などの属性に若干の違いはあるのですが、実際に取り組んでいる割合が最も多い引退タイプは、社会貢献活動をするかしないかにはっきり決着をつけている印象があります。

「取り組んでいる」「取り組みたい」を合わせて社会貢献活動に対する「アクティブ度」と見なすと、現役タイプと就業希望タイプの「アクティブ度」は45%前後になるのに対して、引退タイプは36・7%と10ポイント近く低くなっています。働きたい人には職場を与えて、その意欲を失わせないことが、同時に社会貢献活動への意欲を保つことにつながるのかもしれません。

恐らくどのタイプにも、早い段階から就業と社会貢献活動を両立させる態勢を構築して、その分活動にも深くかかわっている人々が含まれています。年齢を重ねるにつれて変化する就業と社会貢献活動のバランスを調整しながら、日々取り組んでいることがうかがえます。就業から引退すれば、代わりに「アクティブ度」が高まるという単純な代替関係ではなさそうです。

定年後に全く新しい活動に踏み出すよりも、若い頃から始める方が充実した活動につながり、セカンドキャリアへのソフトランディングを容易にします。前出のJILPT『高齢者の社会貢献活動に関する研究――定量的分析と定性的分析から』のインタビューでは、以下のような話も紹介されていますので、引用しておきます。

「〔活動を始めるのに参加するのに適した年代は〕30代ですね。……〔40代では〕全然だめ。僕のイメージですよ。40代はもう。だって課長さんとか、下手したら室長さんとかになるじゃないですか。それは会社のど真ん中ですよ。働き盛りで。だから組織のもう完全なエンジンですよ。ですからちょっと部品ぐらいは30歳ぐらいでしょう。まだ迷っていて柔軟性もあるじゃないですか」（〔　〕は原文ママ）

生涯現役！で充実した人生のために

高齢者全体に視野を広げてみると、ＮＰＯ活動のような社会貢献活動に参加している人は、まだまだ少数派であると書きました。参加している人であっても、町内会・自治会などの生活一環型の活動が主流です。

しかし、**社会貢献活動が高齢者の生活の豊かさと密接に関係していることは、多くの分析によって明らかにされています。**例えば、内閣府「高齢者の生活と意識に関する国際比較調査」（２０１５年）のデータを用いた佐藤博樹・中央大学教授の分析では、日本の場合、社会活動への参加は、統計的に有意ではないものの生活満足度を高めているのに対して、就業は明らかに生活満足度を下げています。

高齢者としてセカンドキャリアに直面する前に、町内会・自治会などの地域活動以外との接点を持っておくことが、こうした社会活動へつながる道筋として大事になってくるのではないでしょうか。

若者は、アクティブラーニングなどを通じて、様々な道を知るようになりました。第

3章でも触れたことですが、社会人にはボランティア休暇や企業ぐるみの支援、プロボノ活動などが、ファーストキャリアとセカンドキャリアを重ね合わせる良いきっかけになるかもしれません。

セカンドキャリアとNPOを高齢者目線で考えてきましたが、本章の冒頭で述べたように、これはもはや高齢者だけの問題ではないことをお分かりいただけたのではないでしょうか。繰り返しになりますが、元気ならば、何かできることはないかと思うのに、年齢も性別も関係ありません。できるだけ長く支える側に、そして最後までよりよく生きるために、目の前にある選択肢を見過ごさないようにしたいものです。それぞれのタイミングで。

終章　自分のキャリアを「創る」には

けもの道も歩けば道になる

ここまで「普通に働く」が揺らいでいることを踏まえ、それに代わる道（選択肢）を実例と共に示してきました。中には「なるほど、そういう道もありか」と素直に受け止めてくれた人もいるかもしれませんが、恐らく「そんなに甘いものではない」「誰にでもできることではない」という感想が多いのではないかと思います。それぞれについて、もう少し掘り下げておきましょう。

まず、「そんなに甘いものではない」についてです。**「普通に働く」は、よく整備された高速道路のようなものです。**信号がなくて走りやすい上に、いち早く目的地に到着することができます。確かに経年劣化が進み、補修がなかなか追いつかず、渋滞や事故が目立つようにはなってきましたが、それでも道としての機能や魅力が完全に失われてしまったわけではありません。

そんな高速道路信奉者にとっては、それ以外のＮＰＯのような道は、けもの道にしか見えないのではないかと思います。実際は、けもの道より随分と広くて平らで、歩いてみたら案外見通しがよかった、ということであっても、高速道路を走っている人は、なかなかそこから下りようとしないので分かりません。

高速道路を走り続けるには集中力が必要です。常に緊張状態で、わき目も振らずにハンドルを操作しなければなりませんが、そのことに疲れ果てている人もいるはずです。そんなに早く目的地に到着しなくてもいいし、周囲の景色も楽しみながら進みたいのだけれど、けもの道はさすがに怖い、そもそもそこは通れるのか？　というのが正直なところではないでしょうか。

ＮＨＫの「プロフェッショナル　仕事の流儀」という番組で、阿部玲子さんという土木エンジニアの女性が取り上げられていました（２０１５年11月30日放送）。阿部さんは均等法世代ですが、新卒当初は女性が土木工事の現場に入ることなど考えられない時代で、苦労に苦労を重ねて海外の現場で「安全管理」の仕事に携わるところまで至った方です。

その阿部さんが、来《こ》し方を振り返って「無謀以外の何ものでもない。それでもそこに光が少しでもあるなら、と突き進んだだけで。無謀もね、歩くと道になるんです」と語っていました。

阿部さんは会社勤めで「普通に働く」の枠内でしたが、「ありえない」と思われた道を自ら踏みしめて立派な道にしてしまったのです。女性が土木工事の現場で仕事をするなんて、「そんなに甘いものではない」と言われ続けたことは、想像に難くありません。

そう考えれば、「そんなに甘いものではない」も決して「行き止まり」というわけではないはずです。たいていの新たなチャレンジは、最初は「無理」「やめておいたほうが無難」と言われるものではないでしょうか。

もちろん、阿部さんのように苦労に苦労を重ねる覚悟は必要です。しかし、それは高速道路を走るのも同じこと。**諦《あきら》めずに努力すれば、自分で道を創《つく》り出す喜びや手応え、そして想像もしなかった目的地にたどり着けるかもしれない希望があります。**

自ら望んでけもの道に踏み込んでいくだけでなく、目の前にけもの道しかなかったという人も今後は大勢でてくるでしょう。だとすれば、そのけもの道をいかに歩きやすいものにするかが勝負です。けもの道を歩くコツは、これまでに挙げてきた実例から様々に学ぶことができます。

副業解禁時代のキャリア観

このところ、「普通に働く」から外れた「けもの道ウォーカー」の話題を見聞きすることが増えました。例えば、2016年2月にロート製薬が社員の副業を認める「社外チャレンジワーク制度」を発表して注目を集めたのは記憶に新しいところです。

副業を認める企業はいまだ少数派ですが、第1章で触れた「多様な正社員」などの試みからさらに一歩踏み込み、より自由な働き方を認めることで活路を見出そうとする企業が現れ始めたと言えるかもしれません。「フルで働き続けられるグローバル人材」を囲い込もうとすることの限界が、企業にもじわじわと浸透し、実感されつつあるような気がします。

副業というと、あくまでも「普通に働く」に対しての副、サブのイメージですが、正副の位置づけではない「複業」も珍しくなくなるかもしれません。**いくつもの仕事を並**

行して行う「パラレルワーカー」という言葉（存在）も徐々に目に留まるようになってきました。働く側が変わることによって、企業も社会もまた変わらざるを得なくなってきます。

自分らしいキャリアを「創る」には？

第2章の冒頭で、「普通に働く」には制服のイメージがあるとも書きました。制服は、それさえ着ていれば大丈夫という安心感がウリですが、けもの道をこの比喩《ひゆ》に当てはめると、今のところそれ1枚着れば何とかなる、それだけで暑さ寒さをしのげてスタイルが完成するというものではなさそうです。さしずめ「便利使いができるアイテム」といったところでしょうか。

おしゃれが苦手な人ほど、マネキンコーディネートに頼り、そこから脱却できないものです。一つでも二つでも、小物でもいいので自分なりのアイテムを見つけてプラスしていく。小物一つから新しいチャレンジが始まります。そもそも、誰もがお手本にできるマネキンコーディネートなんて、「働き方」を考えていく上ではもはや存在しません。

キャリアのアイテムをうまく組み合わせてバランスを取り、想定し得る限りのリスクを回避して、可能性を探っていく。まさに、**自分だけのスタイルの確立**であり、**キャリアを自分らしくプロデュースしていくことが求められる**のです。

そう考えると、「そんなに甘いものではない」も、「無理」「やめておいたほうが無難」も、ちょっと過剰反応のような気がしませんか。**自分ができる範囲で、焦らず、少しずつ取り入れていけばいい**わけですから。

多くの人が、働き方について自分なりのコーディネートを考えざるを得なくなってきたというのはその通りですが、それは窮屈になった制服をこのまま着続けていいんだろうか？　という問いと向き合うことを意味します。目を背けず、自分自身にしっかり問いかけ、決断する勇気が必要です。

けもの道を歩くコツを挙げるとすれば、キャリアのアイテムを沢山手に入れて、うまく使い回していく、**つまりいろいろなけもの道を、その時その時の状況に応じて選び、歩けるようにしておくこと**だと思います。

そのためには、**普段から各方面に仲間を作っておくこと、つながりを持っておくこと、**

けもの道（現場）の存在を知っておくこと、そして何よりも「勉強すること」です。これらは、本書で紹介してきた実例からも汲《く》み取ることができますが、世間一般の価値観に振り回されず、自分の頭で考えて行動する、それを支えるのが勉強なんだと私は思います。

学校の勉強は役に立たないとはよく言われることですが、とんでもない！　社会の成り立ちや制度に関する基礎知識に加えて、クリティカルシンキング（批判的思考）やデータなどのエビデンス（根拠）に基づくものの見方、自らの考えをまとめ、文章や口頭で的確に表現し、周囲と共有するスキルなど、すべて学校で学べることです。

これらは、自分が置かれている状況を冷静に俯瞰《ふかん》し、社会の動向やニーズを踏まえた上で、次の行動を見出していくためには欠かせない力ですし、仲間とのつながり作りを支えてくれる力でもあります。学校教育を通じてけもの道（現場）に接する機会が増えていることは、第3章で述べた通りです。

次節で詳しく紹介しますが、すでに多くのフロントランナーが、けもの道ウォーカーとして歩を進めています。そのような人々が、何を考え、どのような経緯でけもの道に分け入ったのかを追体験するのも、なかなか興味深い「勉強」になるかもしれません。

　折しも政府は「働き方改革相」を新設し、2016年9月には有識者による「働き方改革実現会議」を立ち上げました。同一労働同一賃金の実現や残業時間の規制が主な論点として挙げられていますが、なぜそのような動きに至ったのか。これまでにも働き方に関しては問題が多々指摘され、さんざん対策が講じられてきたはずなのに、なぜ改善されないのか。

　マスメディアを通じて見ても、自分の周囲を見渡してみても、安心して働くことができている人は少なく、むしろ働くことに困っている人ばかりが目につくような状況は、一体全体どうしてもたらされたのか。

　今、この社会に生きている自分の問題としてしっかり勉強し、理解することなしに、キャリアの指針を定めることは不可能です。いざという時のために……と慌てて肩に力を入れなくても、楽しみながらじっくり学び、準備しておくことは、すぐにでもできそうではありませんか？

「意識高い系」じゃなくたって！

もう一つのありがちな感想が「誰にでもできることではない」です。けもの道でサバイバルしていけるのは、相当恵まれた、運も実力もある人だけで、普通の人は「普通に働く」しかないだろう、食べていけないじゃないか、ということなのですが、「普通に働く」も普通の人の手には入りにくくなっているのですから皮肉なものです。

けもの道ウォーカーとして真っ先に思い浮かぶのが、元プロサッカー選手の中田英寿《なかたひでとし》さんです。サッカー選手として面目躍如たる活躍を遂げた後、2006年のワールドカップ・ドイツ大会を最後に惜しまれながら引退し、世界中を旅しながら社会貢献活動を含め多彩な活動を展開しています。

しかし、中田さんを例に出した途端、間違いなく「それはヒデだから……」と一蹴されてしまうでしょう。私も、実はその通りだと思います。第5章で紹介した朝原宣治《あさはらのぶはる》さんの社会貢献活動も、朝原さんだからできることであって、抜きん出た実績や才能がないとけもの道では生きていけないと思われがちなのは事実です。

2010年頃から、「ノマドワーカー」という言葉が広がり始めました。きちんと定義されているわけではないようですが、「ノマド」は「遊牧民」という意味で、ＩＴを駆使してオフィスにとどまらず様々な場所で仕事をする人のことを指します。

この言葉が出てきた時も中田さんが思い浮かびましたが、当時のゼミで「ノマドワーカーってどう？　やってみたい？」と学生たちに聞いてみたところ、皆が皆「ちょっと自分には無理、できない」という反応だったのを鮮明に覚えています。

また「日本ＮＰＯ学会」の公開シンポジウム「Gateway To NPO」の話になりますが、基調講演の朝原さん、第4章で取り上げた高橋泰子《たかはしやすこ》さんの他に、若者代表として山元圭太《やまもとけいた》さん（30代）と船登惟希《ふなとよしあき》さん（20代）にも登壇していただきました。

山元さんは、大学卒業後に経営コンサルティングファーム、認定ＮＰＯ法人かものはしプロジェクトを経て、２０１５年に、非営利組織に対する運営支援を行う株式会社PubliCoを起業されたばかりでした。かものはしプロジェクト時代には、ＮＰＯが最も苦労するファンドレイジング（資金調達）を中心に、日本部門の事業全般を統括されていたそうです。

船登さんもまた大学卒業後に株式会社ディー・エヌ・エー（DeNA）を経て独立し、

教育事業会社を経営する傍ら、参考書などの執筆や、学生とボランティアをつなぐNPO法人Youth for 3.11での活動を展開されています。Youth for 3.11は、東日本大震災を契機に当時大学院生だった船登さんが設立し、2万人近い学生をボランティアとして派遣してきた実績があります。

山元さん、船登さんの活動は実にエネルギッシュで、若くして目覚ましい成果もあげており、まさに「すごい!」の一言に尽きます。ですので、この二人に「キャリアの選択肢」について語ってもらうのには、いささか懸念がありました。

つまり、すご過ぎて自分とは別世界、別次元、関係ないと思われてしまわないかという懸念です。とはいえ、すごくない人を登壇者にしても議論は盛り上がらないので、ジレンマを抱えながらもどうなることかとハラハラしていました。

フロントランナーが通したバイパスに乗ってしまえ!

山元さん、船登さんは、二人とも非営利の活動にとどまらず、コンサルティングや教育分野のビジネスにまで進出しています。第2章の終わりでも触れましたが、このようなビジネスをソーシャルビジネス、あるいはコミュニティビジネスと呼びます。単なるビジネスではなく、地域社会の課題解決が強く意識されているのが特徴です。

第3章の終わりで紹介した御手洗瑞子《みたらいたまこ》さんもそうですが、ソーシャルビジネスやコミュニティビジネスを手掛ける社会起業家は、このところ俄然《がぜん》注目を集めています。また、その人物像やキャリアを紹介した書籍なども次々と出版されています。

例えば、認定NPO法人フローレンスを立ち上げ、病児保育や小規模保育事業を展開する駒崎弘樹さん（『「社会を変える」を仕事にする――社会起業家という生き方』ちくま文庫、2011年）や、studio-L の代表として各地のコミュニティデザインに携わる山崎亮さん（『ふるさとを元気にする仕事』ちくまプリマー新書、2015年）は、代表的な存在として知られています。マスメディアでもよく特集されていますし、行政の要職に抜擢《ばってき》されることも珍しくありません。

これらの人々は、さながらけもの道を整備してバイパスを通してしまったようなものです。あるいは、キャリアのアイテムの便利使いを超えて、それだけで成立する新たなスタイルをプロデュースしてしまったと言えるかもしれません。このレベルにまで到達するのは、「誰にでもできることではない」のは確かです。

しかし、最初にけもの道に足を踏み入れる人、つまり**フロントランナーは特別な人しかできなくても、バイパスが通ってしまえば、そこを歩くのは容易です。**道なき道は怖くても、道になってしまえば「歩けるもんだな」と思う人が必ず出てきます。「後発性の利益」という言葉がありますが、気づかぬうちにフロントランナーがかなりのところまで道を創ってくれています。**そこから学び、その道を辿《たど》り、追いかけてみることから始めてみてもいいのではないでしょうか。**

誰もがけもの道ウォーカー候補生

もちろん、フロントランナーにはフロントランナーなりの苦労がつきものです。山元圭太さんは、阪神淡路大震災（1995年1月）やアメリカの同時多発テロ（2001年9月）などにも影響を受けながら、海外支援の活動に従事する中で、時に無力感や加害者意識に襲われつつも、「ビジネスで社会問題を解決する」という目標に向かって邁進《まいしん》しています。

船登惟希さんは、むしろ「& Social Good」を提案していたのが印象的でした。いきなりけもの道に踏み込むことの困難を熟知しているからこそ、現実的なキャリア（≠普通に働く）の中で「社会のためになることを加えてみる（& Social Good）」という方向性を打ち出されたのだろうと思います。

これこそまさにアイテムの便利使いではないでしょうか。企業側にもCSR活動（企業の社会的責任）やボランティア休暇の充実、先に触れた副業の容認などの変化が生じ始めています。

普通に働きながら、社会のためになることを「まずは」やってみる環境が整いつつあることは、とりあえず高速道路を走っているけもの道ウォーカー候補生にとって格好の追い風になりそうです。

「普通に働く」がうまくいかない人は、他もすべてうまくいかないというのは、かなり乱暴な決めつけです。高速道路の入口でシャットアウトされても、実は先例のないけもの道ウォーカーとしての適性があるかもしれない……と考えると、何だか明るい気持ちになりませんか？

キャリアに正解はない

好むと好まざるとにかかわらず、けもの道に放り出されてしまった人は、そこから気を取り直して歩くよりほかありません。ただ、大半はけもの道をチラチラ横目で見ながらも、高速道路の入口に向かって追い立てられていきます。走れるのであれば、やっぱり高速道路のほうがいいかも、と思いがちですし、その流れに逆らうのは簡単ではありません。

この道でいいのかな？ と思った時に、現場に出てみる、触れてみることは、案外効果的ではないでしょうか。就活など、キャリアの節目に直面している人だけでなく、「普通に働く」にはまり込んでいる人にとっても同様です。要は、**違う世界を知ること**によって、**「この道しかない」という呪縛から少しでも自分を解き放つ**ということです。

就活で苦労している学生の本音を聞くと、「好きなことをしながら、自由に生きたい」と言います。それはもう就活生だけでなく、皆の心の叫びです。でも、好きなことが分からないし、好きなことを仕事にできる人なんて限られているし、既定路線に乗って就活するしかないけれど、この会社でいいのかどうか分からない、とにかく「正解」がほしい……と切実です。

ここまで読んでくださった皆さんはもうお分かりだと思いますが、残念ながらいくら探したって正解はありません。もっと言うと正解がなくたっていいのです。**高速道路を走ることが唯一無二の正解だと思っている人は、他に自分なりの正解を見つけて、けもの道を満喫している人が結構いることに気づいていないだけです。**

自分の知らないところで、沢山のけもの道が創られていて、いくつかは立派なバイパスになっています。自分にとって、今はどの道が無理なく歩けて、楽しめるのか。長い職業人生の間、幾度となく分岐点に差し掛かるたびに、その時々で歩きやすい道、面白そうな道を選んでいけばいいだけです。

「はじめに」で、「この道しかない」を捨て切れずにいる私を含めた現役世代の皆さんや、ファーストキャリアを終えようとしている人生の先輩方にも本書を手に取ってほしいと書きました。私のような大学勤めは、就職も退職も普通の会社勤めより10年ほど後ろ倒しになっています。ですから、実は私の年齢であっても、まだ職業人生の前半戦を過ごしているような感覚があります。

しかし、「普通に」会社勤めをしている私の同級生たちは、責任ある役職に就く人も増え、間違いなく職業人生のゴールに近づいていることを意識しているでしょう。セカンドキャリアが視野に入り始めている人もいるかもしれません。

会社勤めではありませんが、私もまた高速道路しかないと思って走ってきた口です。特に学校というところは1年間を通じてルーチンワークが多く、毎年毎年ほぼ同じことを同じ時期にこなしていきます。研究の中身や教育する相手こそ替わりますが、その世界にどっぷり浸かってしまうと、穏やかですが代わり映えのしない単調な毎日です。

傍《はた》から見て恵まれた状況にあっても、ふと「ずっとこのまま、この先何年？　その後は？」と不安に駆られるのは誰もが身に覚えのあることです。**自分が培ってきたものを社会に活《い》かす道は、本当に「この道しかない」のか？　一度きりの人生、他の道も見学して、歩けるかどうかを試してみるのも悪くはないと思うのです。**

自分の可能性を追求するのに、遅過ぎることなどありません。あくまでも喩《たと》えの中での話ですが、高速道路を走りつつ、片足だけでもけもの道に踏み込んでみるということができるのがキャリアの世界ですから。

広がるキャリアの選択肢

ＮＰＯは、すでに割と多くの人が楽しんでいる「アイテム」であると書きました。誰にでも似合うものが必ず見つかる、使い勝手のいいアイテムです。「便利使い」という目線にまで下げて社会を見渡せば、キャリアの選択肢は思いっ切り広がります。

なぜＮＰＯというアイテムが誰にでも似合って、使い勝手がいいのかは、現代日本の社会が抱える問題と密接に関係しています。少子高齢化、人口減少に加えて都市部への人口集中が進み、地方が立ち行かなくなってきているのは周知の通りです。人口の少ない、大きな需要の見込みにくい地方の問題は、営利を求めてグローバル展開を目指すビジネスベースでは解決できません。

ＮＰＯは国際協力をミッションとする団体もありますが、ほとんどが地域に密着した団体です。グローバル化とは対極の生き方を支える活動を繰り広げています。老若男女が地域に根差し、お互いに弱い部分を助け合いながら、日々の生活を少しずつ前に進めていく。NPOはそういう生き方を尊重し、寄り添うことができます。グローバル化が進む一方で、そういう生き方を切望している人も少なくないのではないでしょうか。

偶然ですが、2016年の成人の日の翌日（1月12日）に、NHKの「時論公論」という10分間の番組で「新たな時代の新しい働き方――新成人への期待」というテーマが取り上げられていました。そこで紹介されていたのが、神奈川県藤沢市で介護施設を経営する加藤忠相《かとうただすけ》さんです。

番組によると、加藤さんは大学を出てから半年間引きこもり、アルバイト、介護施設での3年間の勤務を経て、25歳の時に地元で起業したということでした。なかなかのけもの道ウォーカーだなと思っていたら、その仕事ぶりがNHKの「プロフェッショナル仕事の流儀」（2016年10月3日放送）でも特集されたのです。

加藤さんの経営する介護施設の特徴は、利用者が持っている力を最大限活《い》かして、活躍の場を与える新たなケアの実践です。認知症のお年寄りが自分に見合った役割を担い、それを果たすことによって意欲的になり、表情が明るくなるのが映像でもはっきりと分かりました。

自分や家族が要介護になった時に、こういう施設が身近にあればいいだろうなと誰もが思ったのではないでしょうか。「普通に働く」を超えたところに、皆が心底求めているものを感じ取り、提供できる可能性が広がります。けもの道ウォーカーにしかできないこと、けもの道ウォーカーだからこそできることは沢山あると思い知らされました。

加えて、いつまでも果たすべき役割があること、自分が必要とされていることが、これほど人間に生きる力を与えるということも忘れてはなりません。「一億総活躍社会」の実現を目指す時代にあって、かけがえのない自分と自分の良さを社会に活かす場と方法を、もっと自由に、かつ貪欲に探してみたいものです。

今まさに、自分で自分のキャリアをプロデュースする絶好のチャンスが訪れています。

おわりに　普通に働く、を超えて

大学で20年以上教えてきて、ついこの間入学したばかりだと思っていた学生が、気づいたらリクルートスーツに身を包み、次から次へと社会に羽ばたいていきました。自分がかかわった学生は、どんな嵐に見舞われても力強く飛び続けられるようであってほしいと願い、「チカラ」さえつけて送り出せば、空高く飛んで行く姿をずっと安心して眺めていられると信じていました。

「先生」に何かできることがあるとすれば、基本的に学生が卒業するまでです。多くの学生にとって、大学の先生が恐らく「最後の先生」になります。小学校の先生ほど大人としての圧倒的な優位性や影響力はないにしても、知識の切り売りだけでなく、社会に羽ばたく起点に立ち会う者として、その後の指針を一緒に模索できる存在でありたいと思っていました。

私自身は、就活の経験もなければ大学以外の職場に勤めた経験もありません。経験から何かを語るという手段が取れないのであれば、研究から語るしかありません。そして研究が示していたのは、「新卒で失敗すると後がつらいよ」という現実です。エビデンスには事欠きません。だからしっかり「チカラ」をつけて、自信を持って就活に臨もう。そしてちゃんと就職しよう。まずはそこからだ、という思いは、長年揺らぎませんでした。

でも、「働くこと」を取り巻く環境は想像を絶するスピードで変化し、何をどう努力しても「普通に働く」からあぶれる人が出てくることが明白になって、それでもなお全員に対して、何としてでもそれを手に入れよう、そのためにがんばろう、というメッセージを出し続けることが苦痛になりました。あまりにも無責任に思えたからです。無論、メッセージを受け止める側の逃《のが》れようのない息苦しさは、その比ではないと思います。「普通に働く」からあぶれたら終わり、という見方に対して、「そうではない」と言える何かを示したいと思って本書を書いてきました。「働くこと」が何だかとてもおかしなことになってきている。個人の問題ではなく、根っこのところで様々な要因がズレてきている事実をまずは理解した上で、自分のキャリアを主体的に選び取れるようになってほしいと思いました。

「普通に働く」に代わるキャリアの選択肢として、私にはずっと追い続けてきたNPOの世界が輝きを深めてきたように感じました。もちろん、パーフェクトな選択肢ではありません。不十分な点はあります。でも、そのフィールドをうまく活用することができれば、自分のキャリアをまた違った色に染め上げるチャレンジができるような気がしたのです。

それはまた、**自分の「チカラ」を社会に活《い》かし、貢献する新たな「カタチ」に気づかせてくれる場でもある**と思います。こういう道もある、他にももっとあるはず、なければ自分で創《つく》ることもできる、ということを、まずはNPOにフォーカスして一生懸命伝えてきたつもりです。

今、もし学生に「普通に働く」以外のけもの道に進むことを相談されたら、何の屈託もなく「がんばって」と言えるかどうか、正直分かりません。一時のしんどさから逃げていないか、認識が甘くないかなど、いろいろと勘繰るだろう思います。「いばらの道だよ」「普通に就活したほうがいいんじゃない？」くらいは口走るかもしれません。

それは、恐らくそのほうが自分にとって安心だからです。私自身が「普通に働く」の呪縛から完全に解き放たれていないからだろうと思います。そのことを自覚した上でなお、これからはそういう若者を多方面から、慎重に、できれば全力でバックアップしていけたらと思っています。

なぜなら、これから先の長く不透明な時代を歩んで行かなければならない若者こそ、「普通に働く」に囚《とら》われている場合ではないと思うからです。そして、そこまで「普通に働く」にはまり込んでいない若者だからこそ、元気な「けもの道ウォーカー」として多様なバイパスを通してくれるんじゃないかと期待するからです。

「普通に働く」を超えて、やりようは、あります。必ず。

皆さんと同様、私も身近な心強い仲間たちと共に、さらに積み重ね、模索し、私らしいキャリアを描いていくつもりです。

文中に何度も登場した「日本NPO学会」の年次大会の準備に悪戦苦闘する中で、長年の疑問が少しずつ頭をもたげ、本書の輪郭が浮かび上がってきました。書いていて、

「NPOって何?」というレベルから20年近く向き合ってきた蓄積が、思いのほか豊かだったことを実感しました。研究グループのメンバー、特に労働政策研究・研修機構の小野晶子さんには、心から感謝したいと思います。

また、私の大切なパートナーである筑摩書房の伊藤笑子さんには、今回も最初から最後まで二人三脚で伴走していただきました。伊藤さんのひたむきなキャリアが私には眩しく、その節目のお仕事として本書があったことの幸せをかみしめています。この場をお借りして、本当にありがとうございました。

2017年1月

浦坂純子

参考文献

浦坂純子「NPOは雇用の受け皿となり得るか?——高齢者労働市場としての可能性」『都市問題研究』(都市問題研究会)55巻10号、2003年
浦坂純子『なぜ「大学は出ておきなさい」と言われるのか——キャリアにつながる学び方』ちくまプリマー新書、2009年
淡海ネットワークセンター『あなたが織りなす湖国の未来——社会を変える女性十色《といろ》物語』、2015年
駒崎弘樹『「社会を変える」を仕事にする——社会起業家という生き方』ちくま文庫、2011年
佐藤博樹「就業及び社会活動への参加と総合生活満足度——4か国比較」内閣府『平成27年度第8回高齢者の生活と意識に関する国際比較調査結果』、2015年
豊田義博「若手の社会貢献意識の底流を探る」『Works Review』(リクルートワークス研究所)Vol. 10、2015年
内閣府『平成28年版高齢社会白書』、2017年
日本経済新聞社編『経済学者に聞いたら、ニュースの本当のところが見えてきた——「みんなの意見」にだまされないための11講』日本経済新聞出版社、2013年
森山智彦・浦坂純子「『阪神地区公立高等学校出身者のキャリア形成に関する調査』報告」『評

論・社会科学』(同志社大学人文学会)73号、２００４年
山内直人「ＮＰＯ法人の労働市場：規模と構造の推計」労働政策研究・研修機構『ＮＰＯの就労に関する研究――恒常的成長と震災を機とした変化を捉える』労働政策研究報告書No.183、２０１６年
山崎亮『ふるさとを元気にする仕事』ちくまプリマー新書、２０１５年
労働政策研究・研修機構『高齢者の社会貢献活動に関する研究――定量的分析と定性的分析から』労働政策研究報告書No.142、２０１２年
労働政策研究・研修機構『ＮＰＯ法人の活動と働き方に関する調査(団体調査・個人調査)――東日本大震災復興支援活動も視野に入れて』JILPT調査シリーズNo.139、２０１５年
労働政策研究・研修機構『ＮＰＯの就労に関する研究――恒常的成長と震災を機とした変化を捉える』労働政策研究報告書No.183、２０１６年
労働政策研究・研修機構『データブック国際労働比較２０１６』、２０１６年

＊以下の調査等については、ウェブ上の資料を参照しました。ＵＲＬは執筆時点で確認したものです。(出所、資料名五十音順)
厚生労働省「雇用均等基本調査」
http://www.mhlw.go.jp/toukei/list/71-23.html

厚生労働省「就業形態の多様化に関する総合実態調査」
http://www.mhlw.go.jp/toukei/list/5-22.html
厚生労働省「人口動態調査」
http://www.mhlw.go.jp/toukei/list/81-1.html
厚生労働省「『多様な形態による正社員』に関する研究会報告書」２０１２年
http://www.mhlw.go.jp/stf/houdou/2r985200000260c2.html
厚生労働省「賃金構造基本統計調査」
http://www.mhlw.go.jp/toukei/list/chinginkouzou.html
厚生労働省「能力開発基本調査」
http://www.mhlw.go.jp/toukei/list/104-1.html
厚生労働省「若者の意識に関する調査」２０１３年
http://www.mhlw.go.jp/stf/houdou/0000021856.html
国立社会保障・人口問題研究所「出生動向基本調査（結婚と出産に関する全国調査）」
http://www.ipss.go.jp/site-ad/index_Japanese/shussho-index.html
総務省統計局「平成24年就業構造基本調査」２０１２年
http://www.stat.go.jp/data/shugyou/2012/index.htm
総務省統計局「労働力調査」
http://www.stat.go.jp/data/roudou/

内閣府「ＮＰＯホームページ」
https://www.npo-homepage.go.jp/
内閣府「高齢者の生活と意識に関する国際比較調査」
http://www8.cao.go.jp/kourei/ishiki/chousa/index.html
内閣府「平成26年度高齢者の日常生活に関する意識調査」２０１４年
http://www8.cao.go.jp/kourei/ishiki/h26/sougou/zentai/index.html
日本学生支援機構「学生生活調査」
http://www.jasso.go.jp/about/statistics/gakusei_chosa/index.html
文部科学省「学校基本調査」
http://www.mext.go.jp/b_menu/toukei/chousa01/kihon/1267995.htm
文部科学省「子供の学習費調査」
http://www.mext.go.jp/b_menu/toukei/chousa03/gakushuuhi/1268091.htm

ちくまプリマー新書

099
なぜ「大学は出ておきなさい」と言われるのか
——キャリアにつながる学び方
浦坂純子
将来のキャリアを意識した受験勉強の仕方、大学の選び方、学び方とは？　就活を有利にするのは留学でも資格でもない！　データから読み解く「大学で何を学ぶか」。

197
キャリア教育のウソ
児美川孝一郎
この十年余りで急速に広まったキャリア教育。でも、正社員になれればＯＫ？　やりたいこと至上主義のワナとは？　振り回されずに自らの進路を描く方法、教えます。

196
「働く」ために必要なこと
——就労不安定にならないために
品川裕香
就職してもすぐ辞める。次が見つからない。どうしたらいいかわからない。……安定して仕事をし続けるために必要なことは何か。現場からのアドバイス。

126
就活のまえに
——良い仕事、良い職場とは？
中沢孝夫
世の中には無数の仕事と職場がある。その中から、何を選ぶのか。就職情報誌や企業のホームページに惑わされず、働くことの意味を考える、就活一歩前の道案内。

244
ふるさとを元気にする仕事
山崎亮
さびれる商店街、荒廃する里山、失われるつながり。転換期にあるふるさとを元気にするために、できることはなにか。「ふるさとの担い手」に贈る再生のヒント。

ちくまプリマー新書

188
女子のキャリア
――〈男社会〉のしくみ、教えます
海老原嗣生
女性が働きやすい会社かどう見極める？　長く働き続けるためにどう立ち回ればいい？　知って欲しい企業の現実と、今後の見通しを「雇用のカリスマ」が伝授する。

240
フリーランスで生きるということ
川井龍介
仕事も生活も自由な反面、不安や責任も負う覚悟がいるフリーランス。四苦八苦しながらも生き生きと仕事に取り組む人たちに学ぶ、自分の働き方を選び取るヒント。

235
本屋になりたい
――この島の本を売る
宇田智子
高野文子絵
東京の巨大新刊書店店員から那覇の狭小古書店店主へ、沖縄の「地産地消」の本の世界に飛び込んだ。仕事の試行錯誤の中で、本と人と本屋について考えた。

102
独学という道もある
柳川範之
高校へは行かずに独学で大学へ進む道もある。通信大学から学者になる方法もある。著者自身の体験をもとに、自分のペースで学び、生きていくための勇気をくれる書。

185
地域を豊かにする働き方
――被災地復興から見えてきたこと
関満博
大量生産・大量消費・大量廃棄で疲弊した地域社会に、私たちは新しいモデルを作り出せるのか。地域産業の発展に身を捧げ、被災地の現場を渡り歩いた著者が語る。

ちくまプリマー新書

ちくまプリマー新書 272
あなたのキャリアのつくり方《かた》　NPOを手《て》がかりに

二〇一七年二月十日　初版第一刷発行

著者　浦坂純子（うらさか・じゅんこ）

装幀　クラフト・エヴィング商會
発行者　山野浩一
発行所　株式会社筑摩書房
東京都台東区蔵前二-五-三　〒一一一-八七五五
振替〇〇一六〇-八-四一二三
印刷・製本　株式会社精興社

ISBN978-4-480-68977-1 C0236　Printed in Japan

乱丁・落丁本の場合は、左記宛にご送付ください。
送料小社負担でお取り替えいたします。
ご注文・お問い合わせも左記へお願いします。
〒三三一-八五〇七　さいたま市北区櫛引町二-六〇四
筑摩書房サービスセンター　電話〇四八-六五一-〇〇五三